남자현

−한국 근대의 여걸

강 윤 정

안동대학교 사학과를 졸업, 같은 대학교 대학원에서 공부하였고, 단국대학교 대학원 사학과에서 문학박사학위를 받았다. 2007년부터 안동독립운동기념관에 이어 경상북도독립운동기념관에서 학예연구부장으로 일하고 있다.

대표 논저로 《시대를 뛰어넘은 평민 의병장 신돌석》(독립기념관, 2016), 《사적에서 만나는 안동독립운동》(지식산업사, 2013), 〈신흥무관학교와 안동인〉(한국학논총, 2018), 〈여성독립운동가 南慈賢의 항일투쟁〉(한국독립운동사연구, 2018) 외 다수가 있다.

남자현 –한국 근대의 여걸

초판 1쇄 발행   2018. 12. 21.
초판 2쇄 발행   2020. 12. 29.

지은이   강 윤 정
펴낸이   김 경 희
펴낸곳   ㈜지식산업사
          본사 10881, 경기도 파주시 광인사길 53(문발동)
              전화 (031)955-4226~7   팩스 (031) 955-4228
          서울사무소 03044, 서울시 종로구 자하문로6길 18-7(통의동)
              전화 (02)734-1978,1958   팩스 (02)720-7900
누리집   www.jisik.co.kr
전자우편   jsp@jisik.co.kr
등록번호   1-363
등록날짜   1969. 5. 8.

책값은 뒤표지에 있습니다.

ⓒ경상북도독립운동기념관, 2018
ISBN 978-89-423-9059-5 04990
ISBN 978-89-423-0056-3 04990(세트)

이 책에 대한 문의는 지식산업사로 해 주시길 바랍니다.

경상북도독립운동기념관 인물총서 16

남자현

한국
근대의
여걸

강윤정 지음

지식산업사

책머리에

꼬박 30년 전쯤인 것 같다. 한국근현대사 공부를 하겠다고 마음을 낸 지! 1998년 가을, 대학원에 진학하려고 스승님을 찾아뵈었다. 진학해서 하고 싶은 분야가 있냐는 물음에 나는 막연하게 여성독립운동가를 연구해 보고 싶다고 대답했다. 남자현 지사(이하 남자현)에게 관심을 갖게 된 것은 그때부터였다. 그러나 그 시절 눈높이로는 도저히 논문을 쓸 수 없었다. 초학도인 내가 손에 쥔 적은 자료로 논문을 구성하기에는 무리였다. 선행연구에서 한 발짝도 나아갈 수 없어서, 결국 포기하고 말았다.

그 뒤 경상북도독립운동기념관에서 일하면서 남자현에

대한 짧은 글을 쓸 기회가 몇 번 있었지만, 그저 선행 연구를 짜깁는 정도에 머물렀다. 의기意氣가 한번 꺾인 터라 엄두가 나지 않았던 것이다. 그런데 2015년 영화 〈암살〉이 흥행하면서 여주인공의 실제 모델로 드러난 남자현이 뜨거운 화제가 되었다. 이듬해 영양군에서 남자현지사기념관 건립을 계획하고, 그 첫 단계로 경상북도독립운동기념관에 기본계획 수립을 위한 학술용역을 맡기면서, 다시 남자현 연구를 시작하게 되었다.

연구는 시작부터 참으로 난감했다. 활동 시기와 내용이 자료마다 달랐다. 태어나고 자란 곳조차 영양과 안동으로 서로 엇갈렸다. 이미 맡은 일이라 멈출 수가 없었으므로, 우선 남자현의 아버지 남정한과 남편 김영주의 아버지부터 차근차근 추적하기 시작했다. 꽤 여러 달 족보를 찾고, 근대시기 지역 인사들의 문집도 살폈다. 그러나 족보 밖에서는 이름조차 찾기 어려웠다.

그러던 어느 날 전화 한 통이 걸려왔다. 이병철 광복회 영양분회장님이었다. 밤에 잠이 오지 않아 뒤척이다가 뽑아 든 문집(《좌해유고左海遺稿》)에 남정한의 이름이 나온다는 것이었다. 확인해 보니, 남정한이 스승이었던 좌해

이수영에게 올린 제문이 수록되어 있었다. 그리고 그 글 속에 '어릴 적에 부친을 따라 안동을 떠나 진보의 북쪽으로 옮겨 왔다'는 내용이 있었다. 이는 남자현의 조부 때 영양 일대로 옮겨 왔음을 입증하는 자료이다. 남자현의 출신지를 두고 혼란이 많았던 터라, 그날의 기쁨을 지금도 잊을 수 없다.

그 뒤 틈나는 대로 자료를 찾고, 행적을 보완해 나갔다. 그 과정은 여전히 진행 중이며, 풀리지 않은 과제들이 쌓여 있다. 그러나 2018년 연내에 책을 출간해야 하는 행정에 가로막혀 영글지 못한 글을 내놓게 되었다. 걱정과 불안이 적지 않지만, 남자현 지사의 생애에 한 발짝 더 나아가기 위한 초석이 되길 바랄 뿐이다.

이 책이 나오기까지 여러 스승님과 선배님들이 있었다. 김희곤 선생님께서는 늘 곁에서 공부의 길을 열어 주셨다. 박영석 선생님의 남자현 논문을 보며 초학도의 꿈을 키웠다. 여성 독립운동사 분야를 개척해 오신 박용옥 선생님의 모습은 나의 사표師表였다. 아울러 부족한 글을 출판해 주신 지식산업사 김경희 사장님과 정성을 다해 교

정·교열을 봐주신 편집부 맹다솜 님께도 감사드린다. 이
책이 나오기까지 여러모로 애써 준 경상북도독립운동기념
관 학예연구부 신진희·김동현 연구원에게도 지면을 빌어
고마움을 전한다.

2018년 12월

강 윤 정

차례

남자현

한국 근대의 여걸

1. 글을 시작하며

남자현南慈賢, 1872.12.7.~1933.8.22.은 한국독립운동사를 대표하는 여성으로 손꼽힌다. 1934년 1월에 간행된 한국독립당 기관지 《진광震光》 창간호의 〈여걸 남자현 선생전〉은 다음과 같이 기록하였다.

경술국치 이후에는 비록 김섬·애향·계월향 같은 의기가 나오지 않았지만, 신혼의 여운을 버리고 조국을 위해 의병을 조직하여 국내와 만주를 돌며 백

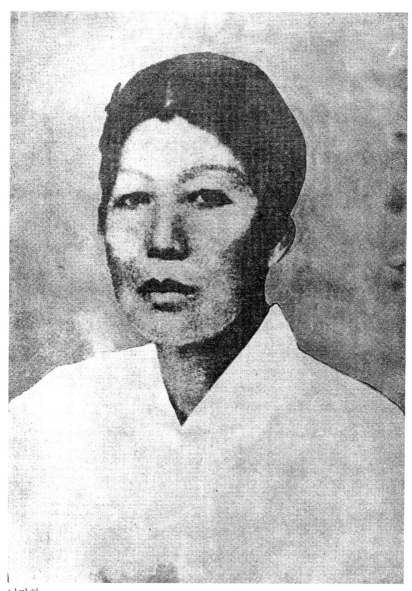

남자현
남아 있는 남자현의 유일한 사진이다.
《독립혈사》 제2권, 1950, 283쪽.

절불굴의 정신으로 적과 맞서 수십 년을 일관되게 투쟁한 여걸이 출현하였다. 이 여걸을 중국의 문단에서는 '혁명의 어머니'라 칭하였고, 적의 신문에 게재된 평론에서는 '전율할 노파'라고 하였다. 바로 그가 근대 한국의 여걸로 손꼽히는 남자현이다.

'혁명의 어머니'·'전율할 노파'·'근대 한국의 여걸'로 불렸던 남자현은 유가儒家의 집안에서 성장하였지만, 여성의 부덕婦德에만 머무르지 않고 1919년 만주로 망명하여 항일투쟁의 현장에서 활약한 흔치 않은 여성이다. 투쟁 방법도 무장활동과 의열투쟁, 교육을 통한 여성계몽, 거침없는 단지斷指와 혈서 쓰기, 그리고 단식에 이르기까지 다양했다. 이러한 공로로 남자현은 건국훈장 대통령장에 추서되었다. 2018년 11월 현재 여성 독립유공자 357명 가운데 건국훈장 대한민국장을 받은 중국인 송미령을 빼면 국내 여성으로서는 가장 높은 훈격이다. 이 때문에 학계에서도 일찍부터 남자현에 주목하였다.

그러나 이러한 평가에 견주어 남자현의 생애와 만주에서의 항일투쟁을 온전하게 찾아 밝힐 수 있는 사료는 매우 부족한 실정이다. 특히 활동 당시의 기록은 일제 정보 문건 1건과 신문기사 3건뿐이다. 그 밖의 자료들은 남자현 사후 발표된 신문자료와 해방 뒤의 회고록 및 전기류가 주를 이루고 있다. 이 때문에 자료마다 내용이 다르고, 이를 바탕으로 삼은 연구 성과 또한 엇갈릴 수밖에 없다. 사정이 이렇다 보니, 남자현의 독립운동을 오롯이 복원하고 항일투쟁사적 의의를 자리매김하는 작업 또한 쉽지 않았다.

이 글은 지금까지의 선행연구와 자료를 참고하면서, 남자현의 삶과 항일투쟁을 뒷받침할 수 있는 2차 사료를 보충자료로 삼아 구성하였다. 특히 아들 김성삼의 회고 〈나의 생애〉(1975)는 남자현의 '활동 공간'과 '관련 인맥'을 추적하는 자료로 매우 유용하였다. 그러나 후손으로부터 제공받은 자료가 김성삼의 육필이 아닌 데다가, 해방 뒤 30년이나 지난 회고라는 측면에서 한계가 크다. 이러한 문제를 극복하기 위해 기록 속에 등장하는 관련 인물이나 단체·사건 등은 다른 자료로 최대한 검증하려고 노력하였다. 그러나 여전히 추정과 짐작이 많은 부분을 차지하고 있어 아쉬움이 크다.

2. 조부 때 영양 일대로 옮겨 오다

남자현의 본관은 영양이며, 조상들은 대대로 안동시 일직면 송리에서 살았다. 이 때문에 남자현의 출신지를 안동으로 기록한 자료들이 더러 있지만, 남자현 집안은 조부 남종대南鍾岱, 1799~1870.2.23, 字 舜和 때 이미 영양 일대로 옮겨 왔다. 그 이유는 명확하게 알기 어렵지만, 남종대는 장자 남경한南景漢, 1824~1887.4.21과 차자 남정한 南珽漢, 1831~?.9.21, 초명 南倬漢, 이명 南鵬漢, 字 雲甫을 데리고 영양 쪽으로 왔다. 이를 입증하는 자료로 남자현의

漏之言小子兒時自永嘉之南隨家先人僑寓於眞安
之北蓋昌黎子江南之計而四顧無親之客鄉也小子
蒙昧挾齋帳帳無端的就學處而東望莽蒼之地仄聞
尊公以恒齋先生三陵翁之世德肖孫主牌拂鑪韛於
石川書塾實安陵氏魯殿之靈光也 小子冒昧納拜於
床下供執灑掃之役尊公包荒而斯受之小子隨俗承
敎者雖不過楚百草之寒汀周雙冀之末技尊公所以
指示而引進者無異家父兄門師傅而至鶯歌蟬囀之
永日金流石鑠之酷暑小子無以日齋葱麥之午點則
尊公輒割飯而推食之此雖敎之末節盛德之餘事
小子感刻於仁厚周詳之澤爲如何哉先人莫逆之交
小子難忘之意不啻口出難以筆旣不肖無狀未效塵

남정한의 제문

《좌해유고左海遺稿》권11, 1996, 649쪽.

아버지 남정한이 남긴 제문이 있다. 남정한은 스승 이수
영李秀榮, 1809.11.22.~1892.1.29이 세상을 떠나자, 다음과
같은 제문을 지었다.

　소자는 아이일 적에 영가永嘉의 남쪽에서 아버지
를 따라 진안의 북쪽 마을로 우거하였습니다. 이는
대개 한창려韓昌黎가 강남江南으로 이사하여 살았던
것과 같은 계책이었지만, 저에게는 사방을 돌아보아
도 친척 하나 없는 객지였습니다. 소자는 몽매하여
집 주변에서만 어리석게 지내느라 뚜렷이 나아가 배
울 곳이 없었습니다.
　그런데 동쪽으로 멀지 않은 곳에 항재恒齋 선생(이
숭일-필자 주)과 삼릉三陵 옹(이구환-필자 주) 아래 대
대로 덕이 높았던 집안 후손인 존공(이수영-필자 주)
께서 석천서당石川書堂에서 제자를 가르치니, 실로
재령이씨載寧李氏의 마지막 남은 원로 석학이셨습니
다. 소자가 염치없이 서안 아래 절을 드리고 제자 될
것을 청하자, 존공께서는 마다하지 않고 포용하여 곧
바로 받아들여 주셨습니다.

(《좌해유고》 권11, 1996, 649쪽)

이 글에 따르면 남자현의 부친 남정한은 유년 시절 영가의 남쪽에서 아버지를 따라 진안의 북쪽 마을로 옮겨 왔다. '영가'는 안동의 옛 지명이니, '영가의 남쪽'은 누대에 걸쳐 살아온 일직면 송리를 뜻한다. '진안'은 지금의 청송군 진보면이다. 이는 남정한이 유년 시절 일직면 송리에서 진보의 북쪽으로 옮겨 왔다는 말이다. 우거지寓居地와 관련된 또 하나의 실마리는 "자신의 집에서 동쪽으로 멀지 않은 곳에 석천서당石川書堂이 있었다."는 것이다. 석천서당은 영양군 석보면 원리(두들마을)에 위치한 재령 이씨 문중의 강학 공간이다. 진보의 북쪽에 위치한 마을 가운데 석천서당을 동쪽으로 두고 있는 마을로는 지금의 영양군 석보면 흥구리와 지경리 일대가 있다.

이 글이 제공하는 또 하나의 단서는 남정한이 안동을 떠난 시기이다. 그가 서당에서 공부를 시작했다면, 10대 중반을 넘기지는 않았을 것이다. 그렇다면 늦어도 15세가 되는 1845년 무렵에는 영양 일대로 옮겨 왔다. 이를 종합하면, 1845년 무렵부터 남자현의 할아버지와 아버지는 석보면 흥구·지경리 쪽에 살기 시작했다.

남정한의 스승 이수영은 재령이씨 석계石溪 이시명李時

석천서당
경상북도 영양군 석보면 원리 두들마을 소재.

明의 8대손으로, 자는 사실士實이며, 호는 좌해左海이다. 남정한은 22살 위였던 이수영의 문하에서 10년 정도 공부하였다. 그 뒤 다른 곳으로 옮겨 갔던 남정한은 1870년 2월 부친 남종대가 죽자, 스승의 거처와 가까운 석보면 지경리로 돌아왔다. 이는 남정한에게 이수영이 단순한 서당 선생이 아니었음을 뜻한다. 그는 고향을 떠나 낯선 객지에 머물던 자신을 보듬고 이끌어준 스승이었다. 또한 돌아가신 아버지의 막역한 벗으로, 아버지처럼 의지했던 안식처였다.

　　돌아간 아버지의 막역한 벗을 소자가 잊기 어려운 뜻은 입으로 말할 수 없을 뿐만 아니라 붓으로 다 쓰기도 어려울 정도입니다. 변변치 못한 저는 티끌만큼의 보답도 하지 못하고 천지간에 홀로 남은 몸으로 객지를 떠돌던 끝에 지동芝峒(영양군 석보면 지경리-필자 주)에 집을 마련하였습니다. 지난날 약간 떨어진 곳에 살던 데 견주면 아주 가까운 거리라 자주 궤장几杖을 모시고 만년의 덕의德儀를 뵐 때마다 밤까지 등불을 켜고 일깨워 주신 것을 하나하나 헤아리기 어려웠습니다. 금년(1892년-필자 주) 정월에 또 청송靑松의 백학산白鶴山 북쪽에 집을 구한 것은 특히 점괘가 뜻과 어긋날 때 탈이 없도록 그 자리에 머물게 하려는 방도임에 다름 아니었으나, 사랑해 주신 공의 서안書案에서 조금 멀리 떨어진 곳이라 더욱 서운하였습니다.

(《좌해유고》 권11, 649~650쪽)

가까운 거리에서 스승을 모시던 남정한은 1892년 정월, 석보면 지경리를 떠났다. 이유는 알 수 없으나, 청송군 현동면의 백학산白鶴山 북쪽으로 옮겨갔다. 남정한이 지경리를 떠난 시점이 1892년이라면 남자현은 결혼 전까지 영양군 석보면 지경리에 산 것이 된다. 그의 결혼 시점이 19세가 되던 1891년 무렵으로 알려져 있기 때문이다. 남정한은 막내딸을 시집보내고 그 이듬해 거처를 옮겨 간 것이다.

그런데 남정한이 지경리를 떠난 바로 그달 29일, 스승 이수영이 세상을 떠나고 말았다. 평소 건강했던 스승의 죽음에 남정한은 탄식하고 또 탄식하였다. 아버지처럼 따르고 모시며 함께 세사世事를 논하던 스승의 마지막을 지키지 못한 심경을 〈만사輓詞〉에 쏟아냈다.

만사輓詞

덕의와 풍화를 일찍부터 공경하여 　　德儀風裁夙所欽
이웃에 산 십 년 동안 가르침을 들었네. 　　居隣十載聽規箴
단정히 서린 기상은 여산처럼 확고하고 　　端凝氣像廬山確

정신의 심오함은 동해처럼 깊었네.　　　湛淊精神左海深

초야에서 세 가지 큰 덕을 이루고　　　三達尊成林下事

평생토록 책 속 성인의 마음 지키셨네.　一生守得卷中心

영남의 선비들은 돌아가셨다 통곡하는데　東南士類云亡痛

나는 우러러 따르던 정성이 더욱 슬프네.　小子尤傷景仰忱

《좌해유고》 권10, 648~649쪽)

3. 유학 경전을 배우며 성장하다

남자현은 1872년 12월 7일(음력) 아버지 남정한과 어머니 진성이씨 이원준李元俊의 딸 사이에서 태어났다. 1남 3녀 가운데 막내딸이다. 태어난 곳은 경북 영양군 석보면 지경리 393-6번지(석보로 208)로 추정되지만, 정확하게 지경리인지는 알 수 없다. 조부 남종대가 세상을 떠나고 객지를 전전하던 부친이 석보면 지경리로 옮겨 온 시점이 뚜렷하지 않기 때문이다. 석보면 지경리에 정착한 뒤 남자현이 태어났을 가능성도 있지만, 이미 남자현이 태어난

남자현 집터

경상북도 영양군 석보면 지경리 393-6번지(석보로 208) 소재.
ⓒ 독립기념관

뒤에 옮겨 왔을 가능성도 있다. 마을 사람들은 남자현이

지경리에서 나고 자랐다고 증언하고 있다.

　　아버지 남정한은 남탁한南倬漢·남붕한南鵬漢으로도 불

렸다. 제작 연도를 알 수 없는 《영양남씨세보속편》(天)에

는 초명이 남탁한南倬漢으로 기록되어 있다. 또 사위 이
문발과 김영주 집안의 족보인 《재령이씨대동보》와 《의성
김씨대동보》(권4)에는 남붕한으로 되어 있다. 둘째 언니
사돈 가문인 한양조씨 집안의 《한양조씨병참공파보》는
남정한으로 기록하였다.

족보에는 남정한이 수직壽職으로 통정·문학에 올랐다
고 기록하였다. 수직은 해마다 정월에 80세 이상의 벼슬
아치와 90세 이상의 백성에게 은전恩典으로 주던 벼슬이
다. 그렇다면 그에게 내려진 벼슬은 고령의 나이 때문일
가능성이 크다. 이와 관련하여 남정한의 증손 남재각의
증언은 주목할 만하다. "통정대부 칙지를 집안에 보관하
고 있었는데, 화재로 모두 잃었다."는 내용이다. 남정한이
교지敎旨가 아닌 칙지勅旨를 받았다면, 고종이 황제가 된
대한제국 시기에 받은 것이다. 대한제국 성립 뒤 황제국의
격식에 맞게 호칭을 칙명勅命으로 격상시켰기 때문이다.

족보에 사망 연도가 기록되어 있지 않아 남정한이 몇
살까지 살았는지는 알 수 없다. 다만 정미의병에 나섰다
는 것으로 보아 적어도 1907년까지는 살아 있었음이 확
인된다. 1907년이면 77세로, 당시로서는 꽤 많은 나이이

다. 나이에 대한 예우로 1900년 70세가 되던 시점이나, 혹은 그 뒤 벼슬이 내려졌을 가능성이 가장 크다.

남정한의 수학 과정에 대한 단서는 《좌해유고》에 실린 제문이 유일하다. 그는 이수영의 문하에서 10년 동안 수학하였다. 당연히 그의 문하생들과 교유하며 성장하였을 것이다. 또한 아버지 사후 스승을 아버지처럼 모시며 세사世事와 학문을 논하였다. 스승 이수영과의 인연은 남정한의 교유관계에도 큰 영향을 미쳤을 것이다. 남정한은 영양 일대에 70여 명의 제자를 둘 정도로 이름난 학자였다고 전한다. 관련 사실은 확인되지 않지만, 이 또한 스승 이수영의 영향이 컸을 것으로 짐작된다.

오빠는 남극창南極昌, 1850년생, 字 文休, 부인 안동권씨이며, 첫째 언니는 재령이씨 이문발李文發, 1860~1880, 字 煥卿과 혼인하였다. 《영양남씨세보》에는 이원발로 기록되어 있다. 이문발은 스승 이수영과 같은 집안사람으로, 호군 공파護軍公派 존재存齋 이휘일李徽逸의 후손이다. 이휘일은 《음식디미방》을 남긴 장계향의 아들이다. 장계향은 당대 남성들이 여중군자로 부를 정도로 이름이 높았다. 이문발과의 혼인은 두들마을 재령이씨와 각별한 관계를 보

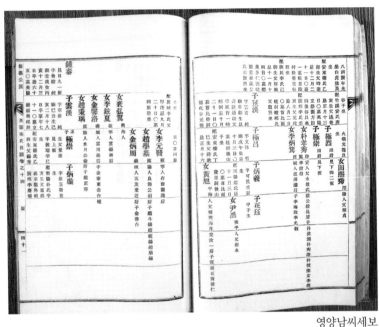

영양남씨세보

《영양남씨세보》 권9, 1938.

여주고 있다. 그러나 안타깝게도 맏사위 이문발은 1880년 20세로 요절하였다.

둘째 언니는 한양조씨 조학기趙學基와 혼인하였다. 조학기는 주실마을 한양조씨이다. 남자현의 언니들은 당시 영양 일대에서 이름난 명문가와 혼인하였으며, 이는 당시 영

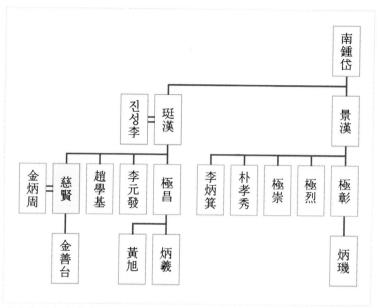

남자현 집안의 가계도
《영양남씨세보》.

양 사회에서 남자현 집안의 위치를 가늠해 볼 수 있는 대
목이다.

남자현의 유년 시절에 대한 정보는 공부와 관련된 것
뿐이다. "어려서부터 매우 총명하여 부친 남정한이 일찍
부터 글을 가르쳤는데, 7세에 한글을, 8세에 한문을 터

득하였고, 12세에 소학과 대학을 읽었으며, 14세에는 사서四書를 독파하고, 한시를 지었다."는 내용이다. 해방 뒤 기록인데다가, 남자현이 남긴 글이 없어 그 깊이를 확인할 길이 없다. 다만 만주에서 교육활동을 펼친 것으로 보아, 상당한 학식을 갖추었던 것으로 짐작된다.

분명한 것은 부친 남정한이 42세에 얻은 막내딸 남자현의 교육에 각별한 관심을 쏟았다는 점이다. 막내딸이 네 살 되던 1876년은 조일수호조규로 온 나라가 떠들썩했다. 5년 뒤인 1881년에는 황준헌의 《조선책략》에 항거하는 〈척사만인소〉로 영남이 들끓었다. 그 뒤 끝도 없이 이어지는 긴박한 사태들은 조선의 변화를 예감하기에 충분했다. 그 때문인지 남정한은 총명했던 막내딸에게 유학 경전을 가르쳤다. 어쩌면 자신의 딸이 '여중군자'로 불렸던 제2의 장계향이 되어, 시대에 쓰임이 되는 사람이 되길 바랐는지도 모른다. 남자현 또한 바로 이웃 마을에서 '여중군자'로 칭송받던 장계향을 사표師表로 삼지 않았을까? 이는 충분히 가능성이 있다.

4. 장계향에게서 남자현을 엿보다

장계향張桂香, 1598~1680은 남정한의 스승이었던 이수
영의 8대 조모이다. 1598년 11월, 안동시 서후면 금계리
춘파春坡마을에서 태어났다. 아버지는 경당敬堂 장흥효張
興孝, 1564~1633, 어머니는 안동권씨이다. 장계향은 이들
의 무남독녀 외동딸이었다. 세간에서는 그를 정부인貞夫
人 장씨라 부른다. 그의 셋째 아들 갈암葛庵 이현일李玄逸
이 이조참판과 이조판서를 역임하여, 정부인으로 추증되
었기 때문이다.

어린시절 장계향의 총명함에 대해서는 《정부인안동장씨실기》(이우태·이수병 엮음, 1844)에 기록되어 있다. 당시 학자로 이름이 높았던 아버지 장흥효는 어린 딸의 예지가 번득일 때마다 아들이 아님을 아쉬워했다. 틈나는 대로 딸에게 글을 가르치며 그 헛헛함을 달랬다. 이 같은 모습은 남자현을 연상시킨다. 총명했던 딸에게 글을 가르친 남정한 또한 이런 심정이 아니었을까?

장계향은 《소학小學》과 중국 역사서 《십구사략十九史略》을 깨쳤으며, 글씨도 곧잘 썼다고 전한다. 13세가 되어서는 〈학발시鶴髮詩〉, 〈몸가짐을 조심하다敬身吟〉, 〈소소한 빗소리蕭蕭吟〉 같은 한문시를 지었다. 지금까지 알려진 장계향의 시는 모두 12수이다.

장계향이 남긴 시는 인간의 본질을 탐구하는 철학적 탐색이 주류를 이룬다고 평가되고 있다. 같은 시기 주로 자연을 노래하거나, 여성의 처지를 한탄하는 내용이 담긴 다른 여류시인들의 작품과는 사뭇 다르다. 장계향이 남긴 시와 유묵들은 후손들이 엮은 〈전가보첩傳家寶帖〉에 남아 전해지고 있다. 아쉬운 것은 그의 시가 모두 대부분 유년기의 것이라는 점이다. 당시 여성에게는 필요치 않은 재주였기에 시집갈 무렵 그만두었기 때문이다.

장계향은 19세 되던 1617년 영해 나랏골에 살던 재령 이씨 가문의 이시명과 혼인하였다. 남편은 사별한 전 부인 광산김씨와 1남 1녀를 둔 27세의 선비였다. 장계향은 전 부인과 자신의 소생 7남 3녀를 모두 훌륭한 인물로 키워 냈다. 일곱 형제 모두 이름이 높아 '안릉가 칠룡七龍'으로 알려질 정도였다. 그 가운데서도 특히 둘째 휘일徽逸, 셋째 현일, 넷째 숭일嵩逸은 학자로 명성을 떨쳤다.

이러한 장계향을 두고 당대의 남성들은 '여중군자女中君子'로 칭하였다. "장부인은 유문儒門에서 가르침을 받아 엄숙하고, 단아하며 학식이 있어 여중군자라고 일컬어졌다."는 《행장行狀》(《갈암집葛庵集》 부록 권2)의 기록이 이를 뒷받침한다. 《갈암집》에서는 장계향이 여중군자로 불린 이유를 "엄숙하고, 단아하며, 학식이 있기 때문壯毅有學識"이라고 표현하였지만, 이는 겉으로 드러난 모습에 지나지 않는다. 〈선비증정부인장씨행실기先妣贈貞夫人張氏行實記〉(《갈암집》 권27)에는 그가 한평생 가고자 했던 길이 잘 나타난다.

부인은 타고난 자품이 이미 후덕한 데다가 학문한 힘까지 더하여 어질고 지극하였으며[仁愛懇惻], 선을 즐거워하고 의를 좋아하기가[樂善好義] 어려서부터 늙을 때까지 내내 한결같았다.

노년에 이르러서 기력이 쇠해져 다른 데는 생각이 미치지 않았지만 오직 사람에게 착한 일을 행하도록 이끌려는[導人爲善] 뜻만은 끝내 조금도 줄어들지 않았다.

장계향에게 허락된 삶의 공간은 매우 한정적이었다. '여인'이라는 시대의 벽 또한 분명 높았다. 그러나 그는 그것을 한탄하기에 앞서 온 힘을 기울여 자신의 뜻을 펼쳤다. 그의 우주는 인애간측仁愛懇惻과 낙선호의樂善好義, 그것으로 충분하였다. 장계향은 착하고 옳은 일 하기를 좋아했으며, 그리고 그것을 한결같이 실천하며, 타인을 선으로 이끄는 것을 기뻐할 줄 알았다. 이는 당대 남성들의 지향과 다를 바가 없었다. 오히려 어머니의 마음으로서 확장되었다는 측면에서 남성들을 능가한다고 볼 수 있다. 장계향의 탁월함과 교훈은 여기에 있다.

이러한 점은 자녀들의 훈육에도 여지없이 드러난다. 그의 교육의 핵심은 자식을 선으로 인도하는 것이었다. 그는 늘 "너희들이 비록 글 잘한다고 명성은 있지만, 나는 귀중하게 생각하지 않는다. 다만 한 가지, 선행이 있다는 말을 들으면 나는 기뻐하며 잊지 않을 뿐이다."라며 자식들을 경계하였다. 선행을 행하는 데 있어서만큼은 엄격한 교육자였다.

자식에게는 엄격했지만, 이웃에게는 어질고 어진 여인이었다. 그의 심성은 이미 13세에 썼던 〈학발시鶴髮詩〉에 잘 드러난다. 할머니를 따라 집안 제사에 다녀오던 길에 장계향은 백발을 늘어뜨린 채 길바닥에서 울부짖는 노파를 보게 되었다. 전란의 와중에 두 아들을 전쟁터로 보낸 노파가 목 놓아 울고 있었던 것이다. 그 모습을 그냥 지나칠 수 없었던 장계향은 〈학발시〉를 썼다. 자신의 마음에 노파의 아픔을 들여놓은 것이다. 장계향이 뒷날 빈민 구휼에 앞장선 데는 이러한 심성이 깔려 있다.

흰 머리 되어 병으로 누웠네   鶴髮臥病

자식이 만 리 길 떠났기에   行子萬里

만 리 밖 떠난 아들   行子萬里
어느 달에나 돌아오나   曷月歸矣

하얗게 센 머리로 병을 앓네   鶴髮抱病
서산의 해는 빨리도 저무는구나   西山日迫
손 모아 하늘에 빌어 보는데   祝手于天
하늘은 그저 아득히 멀고   天何漠漠

병든 백발 노인이 기어이   鶴髮扶病
일어섰다가 넘어졌다가   或起或趨
지금 이러한 모습   今尙如斯
자락 끊어지던 때와 어찌나 같은지   絶裾何若

　　의를 좋아하는 장계향의 기질은 나라가 위험해지자 더
욱 선명하게 드러났다. 39세가 되던 1636년 병자호란이 일
어나자, 장계향은 앞장서서 이웃에게 의병을 일으킬 것을
권하였다. 이때 남편 이시명도 의병에 가담하였다. 그러나
결국 청나라에 항복하는 굴욕을 겪게 되자, 이시명은 낙
담하여 세상과 인연을 끊기로 결심하였다. 이후 장계향은
그와 함께 영양 석보에 은거하며 한평생을 보냈다.

석계고택
석계 이시명과 부인 장계향이 살던 집이다. 경상북도 영양군 석보면 원리 소재.

73세가 되던 해, 장계향은 자신의 생애를 되돌아보며
〈드물고도 드무네稀又稀〉라는 시로 자신의 복된 말년을
표현하였다. 일생을 마감할 즈음에는 조리서 한 권을 썼
다. 이 책이 바로 동아시아 최초로 여성이 쓴 조리서, 《음

식디미방》이다.

장계향은 1680년 자식들이 지켜보는 가운데 영양 석보면 두들마을에서 83세를 일기로 조용히 세상을 떠났다. 셋째 아들 이현일은 "내가 노둔하고 우매하여 지극한 가르침을 따라 실행할 수 없었지만, 평소 야비하고 버릇없는 말을 입에 올리거나, 남에게 함부로 하지 않은 것은 실로 어머니께서 아뢸 때부터 삼가고 경계한 탓"이라고 회고하였다.

장계향에게는 다양한 수식어가 따라다닌다. 소설가 김서령은 이를 요즘의 언어로 잘 풀어내어, "뛰어난 문인이자 자애로운 어머니, 엄격한 교육자이자 생활의 달인"이었다고 하였다. 이보다 더 적절한 수식어를 찾기 어려울 것 같다. 장계향의 이러한 모습을 뒷날 남자현에게서도 엿볼 수 있다. 남자현은 만주 항일투쟁 현장에서 때로는 의義로 무장한 무장활동가로, 때로는 자애로운 독립군의 어머니로, 때로는 여성 교육운동가로 활약하였다.

5. 19세에 김영주와 혼인하다

1891년 19세의 남자현은 의성김씨 김영주金永周, 1871~1896.7.11.와 혼인하였다. 남편 김영주의 다른 이름은 김상주金象周·김병주金炳周이며, 자는 기팔琪八이다. 안동군 일직면一直面 귀미리龜尾里에 정착한 김안계金安繼(매은공파梅隱公派)의 후손이다. 시아버지는 김찬휘金瓚輝, 시어머니는 재령이씨 이항주李恒柱의 딸이다.

남편의 본적지는 안동시 일직면 귀미리로 기록되어 있다. 김영주의 집안이 귀미리에 정착한 것은 1600년경이

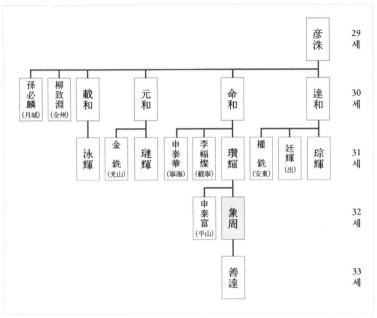

남편 김영주의 가계도

다. 귀미마을 입향조로 알려진 오우당五友堂 김근金近,
1579~1656은 김안계의 둘째 아들이다. 김근은 임진왜란
이 끝날 무렵, 원래 살았던 청송 진보에서 부친 김안계와
모친 월성이씨, 그리고 아우 김원金原, 1595~1621과 함께
귀미마을로 옮겨 왔다.

귀미에 정착한 김근은 안동권씨 이우당 권환權寏 등 안동의 명문가와 혼반을 맺었다. 7대손인 귀와龜窩 김굉金㙆, 1739~1816이 문과에 급제하여 예조참판까지 오르면서 명문가의 입지를 굳혀 나갔다. 한말에 이르러서는 퇴계학맥의 종통을 이은 척암拓菴 김도화金道和, 1825~1912가 의병대장으로 활약하면서, 귀미는 유가의 의리정신을 끝까지 지켜낸 마을로 알려지게 되었다.

김영주의 본적이 귀미리로 알려져 있지만, 그가 남자현과 결혼할 당시 일직면 귀미리에 살고 있었다고 결론짓기는 어렵다. 결혼 당시 영양군 석보면石保面 답곡리畓谷里에 거주했다는 의견이 많기 때문이다. 실제로 다음 몇 가지 측면에서 영양 답곡에 거주했을 가능성이 높다.

첫째, 김영주의 큰할아버지[伯從祖] 김달화金達和와 조부 김명화金命和, 그리고 부친 등의 묘소가 모두 영양 답곡마을에 자리하고 있다는 점이다. 둘째, 귀미마을 입향조인 오우당 김근이 안동 귀미로 옮겨가기 전, 청송 진보에 살았다는 점이다. 지금도 진보면 흥구동(지금의 영양 입암 흥구)에는 의성김씨 묘소가 여러 기 남아 있다. 즉 터전을 옮겨 왔지만 선대의 토지나 기반이 그대로 영양과

답곡마을 전경
남자현의 남편 김영주가 살았던 마을로 추정된다.

청송 일대에 있었던 것으로 짐작되며, 이를 기반으로 김
영주의 일가가 조부 대에 그곳으로 옮겨 갔을 가능성이
높다.

셋째, 큰할아버지 김달화가 남자현의 부친 남정한과 함

께 이수영의 문하에서 함께 교유했다는 점이다. 안동에서 먼 길을 오가며 공부했을 가능성도 있지만, 영양에 거주하며 함께 공부한 것으로 보는 쪽이 더 타당해 보인다.

넷째, 답곡마을 사람들의 증언이다. 지금도 답곡에는 의성김씨 여러 집이 있는데, 그들은 한결같이 김영주가 답곡에 살았다고 전하고 있다. 이러한 정황상, 남자현의 남편 김영주 역시 영양에서 태어나 영양에서 성장하였다고 할 수 있다.

남자현의 친정과 시댁은 모두 안동에서 옮겨 왔다는 공통점이 있었다. 또한 두 집안은 재령이씨·한양조씨·안동권씨 등 영양 일대의 양반가문과 혼반을 맺었다. 특히 친정아버지와 시백부는 한 스승 아래서 교유한 각별한 사이였다. 두 사람의 혼인에는 누대에 걸친 집안의 깊은 관계망이 자리하고 있었다. 그러나 정작 두 사람의 인연은 그리 오래가지 못했다. 바람 앞에 등불 같았던 나라의 운명은 끝내 이들을 이생과 저승으로 갈라놓았다. 결혼한 지 5년 만인 1896년 7월 11일, 의병이 되었던 남편이 전투에서 사망했기 때문이다.

6. 남편 김영주, 의병으로 스러지다

나라가 흔들리자 경북 북부지역은 어느 지역보다도 발
빠르게 대응하였다. 곳곳에서 사생취의捨生取義의 기치
를 내걸고 의병이 일어났다. 목숨을 잃더라도 마땅히 가
야하는 길이었기 때문이다. 일본의 무력 앞에서 '평소처
럼 행동하고, 평소처럼 책상 앞의 공부에만 머무르는 것'
은 떳떳한 인간의 길이 아니었다. 목숨 앞에서도 뜻을 꺾
지 않고, 앞으로 나아간 의병들의 항쟁에는 이러한 정신
이 흐르고 있다.

의병의 서막은 1894년 8월 경북 안동에서 올랐다. 갑오의병甲午義兵이라 불리는 이 의병은 '갑오변란甲午變亂'이 그 발단이었다. 갑오변란은 1894년 7월 23일(음 6월 21일) 일본군이 경복궁을 침입하여 국권을 무너뜨리고 왕실을 농락한 사건이다. 일본이 청과 전쟁을 시작하기 전, 열강의 시선으로부터 자신들의 무력행사를 숨기기 위해 벌인 일이다. 여기에 저항하여 청풍(제천) 유생 서상철이 안동에 와서 의병을 모으고, 경북 상주 태봉에 자리한 일본군 병참부대를 공격하였다. 그가 안동을 선택한 것은 사생취의의 대의가 가장 잘 구현될 곳으로 여겼기 때문이다. 갑오의병은 비록 큰 전과를 올리지는 못했지만, 그 뒤 1945년까지 반세기 동안 전개된 항일투쟁의 시작이었다는 점에서 의의가 크다.

1894년부터 시작된 의병들의 전쟁은 1895년 을미의병乙未義兵, 1896년 병신의병丙申義兵으로 이어졌다. 명성황후 시해와 단발령 등이 그 원인이었다. 이 시기의 의병을 아울러 '전기의병'이라 부른다. 전기의병을 이끈 것은 주로 지역 유생들이었다. 이들은 친일내각과 일본 흉적, 그리고 단발을 강행하는 지방관리 등을 공격 목표로 삼아

태봉전투지
1894년 안동의병이, 1896년 7읍 연합의병이 전투를 벌였던 곳이다.
ⓒ 독립기념관

전국에서 의병을 일으켰다. 그 시작은 명성황후 시해 직
후인 1895년 9월 18일에 일어난 문석봉의 유성의병儒城義
兵(또는 회덕의병懷德義兵)이었다. 이어 11월에 이르러 단

발령이 공포되자, 전국에서 연이어 의병이 일어났다.

경북에서도 의병 창의가 잇따랐는데, 특히 경북 북부 지역은 거의 전역에서 일어났다. 안동부에 속했던 16개 군 가운데 12개 지역에서 의병이 일어났다. 안동·청송·진보·영양·영덕·영해·영주·예안·봉화·순흥·풍기·예천이 바로 그곳이다. 남자현과 김영주가 살고 있었던 영양과 그 주변 청송 지역에서도 의병이 일어났다.

1896년 1월 29일(양 3월 12일) 심성지를 대장으로 삼은 청송의진이 먼저 꾸려졌다. 이어 한 달 뒤인 2월 29일 의병장 조승기가 이끄는 영양의진이 결성되었다. 그 시기는 명확하진 않지만 진보에서는 방산 허훈許薰이 의병을 일으켰다. 벽산 김도현은 영양에서 의병을 일으켰지만, 안동 예안으로 진출하여 선성의진의 중군을 맡아 활약하였다.

네 개의 의병부대 가운데 남편 김영주가 어느 부대에서 항쟁을 시작했는지는 알 수 없다. 그가 의병 창의 단계부터 참여했다면, 거리가 가장 가까운 진보의진에서 활약했을 가능성이 크다. 진보의진을 이끌었던 허훈은 허위許蔿의 형으로, 1894년 동학농민군을 피해 진보 흥구興邱에 은거해 있다가 의병을 일으켰다. 흥구리는 남자현의

입안면 홍구리 전경
남자현의 남편 김영주가 의병에 참가하였다가 사망한 곳이다.

친정집이었던 석보면 지경리 바로 맞은편이고, 김영주의
거주지인 답곡마을과도 그리 멀지 않은 곳이다. 진보의진
은 의진 결성 직후부터 주변 의병부대와 연합작전을 활발
하게 펼쳐 나갔다.

김영주의 의병 참여 시기는 알 수 없지만, 마지막 전투일은 1896년 7월 11일이었다. 그가 전사했다는 이 날짜는 음력일 가능성이 크다. 그렇다면 1896년 8월 중순 무렵 영양의 홍구 일대에서 싸웠다는 뜻이다. 거듭되는 전투와 고종의 효유로, 해산한 의병부대가 적지 않았던 시점이다. 진보의진·청송의진·영양의진은 이미 그 조직이 무너진 상태였다.

　　조직은 무너졌지만, 영양 일대에서는 여전히 의병들이 활동하고 있었다. 태백산맥 골짜기 속에 끼어든 형세여서 영양 출신뿐만 아니라 여러 지역 의병들이 부대를 이끌고 넘나들었다. 이 때문에 일본군의 공격도 거듭되었고, 전투도 잦았다.

　　8월 29일 대대장 리겸제李謙濟 씨가 군부에 보고하였는데, 영덕·영해·영양으로 비도가 다시 일어나 소요한다 하기로 선유사에게 즉시 가서 효유하라고 조회하고 만일 효유하야 듣지 않거든 군사를 거느려 치기로 하였다 하더라.

김도현 영정사진

　김영주의 소속부대를 알려주는 실마리는 "본적지에 본
부를 둔 한국의병대 대장 김○○의 부하였다."는 기록이다.
8월 중순 무렵 영양 주변에서 활동한 의병장으로 김씨 성
을 가진 인물로는 벽산 김도현이 있다. 그는 10월 15일까
지 항전을 이어 갔으며, 영양은 그의 주요 전투지 가운데
한 곳이었다. 다음 자료는 벽산 김도현의 생생한 활동 모
습을 전하고 있다.

검각산성

벽산 김도현이 사재를 들여 쌓은 성. 이곳에 의병의 본거지를 두고 전투를 벌였다.

ⓒ 독립기념관

안동·영양·선성 방면의 여러 의병진도 호응 분산
하면서 영해 방면을 향하다가 영덕성에서 흩어진 군
사들을 모아 창수원에 들어가 대열을 정돈하고, 김
도현의 제의로 영양에 있는 병대를 공격하기로 함.

《독립신문》 1896년 9월 19일자)

《동아일보》에 실린 〈남자현 여사의 장남 회고담〉(1946년 3월 3일자)에는 김영주가 '한국의병대 소대장'으로 실려 있다. 그러나 '소대장'이라는 직책은 당시 의진에서는 볼 수 없는 직책이다. 더욱이 1896년이면 남편 김영주는 25세의 청년에 지나지 않았다. 이 정도의 나이에 의병 지휘부에 이름을 올리기는 어려웠을 것이다. 의병 관련 기록에서 그의 이름이 확인되지 않는 것도 이 때문으로 추측된다. 어찌 생각하면, 남자현이 아니었다면 그는 역사의 뒤안길에 묻힌 또 한 명의 이름 없는 의병이 되었을 것이다.

19세에 만나 5년 만에 세상을 떠난 남편 김영주는 남자현에게 독립이라는 시대과제를 던져 주었다. 남아 있는 기록 곳곳에서 남자현이 '남편의 원수'를 갚고자 동분서주했음이 확인된다. 당시 만주에서 함께 활동하던 사람들은 누구나 다 아는 이야기였다.

남자현은 경상도 사람으로 일찍이 그의 남편이 의병으로 죽자 남편의 원수를 갚겠다고 어린 유복자를 시부모에게 맡기고 독립전선에 뛰어들었다고 사람들은 말했다.

(지복영 지음·이준식 정리, 《민들레의 비상−여성한국광복군 지복영 회고록》, 민족문제연구소, 2015)

남자현은 남편의 대의大義를 자신의 대의로 여기며 평생 일제에 저항하였다. 그 출발선에는 분명 남편의 죽음과 유가적 의리관義理觀이 있었다. 이를 전통 사회의 부덕婦德인 '삼종지도'를 실천한 것으로 볼 수 있다. 그러나 남자현의 행보는 유가적 의리관과 전통에만 머무른 것이 아니다. 그는 자신이 할 수 있는 모든 방법으로 그 길을 꿋꿋이 걸어 나갔다. 그것도 만주라는 공간에서, 뜻을 꺾지 않고 나아간 것이다.

7. 의병전쟁을 지원하다

23세의 남자현은 아이를 임신하고 있었다. 그 유복자가 바로 김성삼金星三, 이명 善台·善達·英達이다. 김성삼은 그의 회고 〈나의 생애〉에서 "자신은 1896년 12월 6일 수비면 계동에서 태어났다."고 하였다. 제적등본에도 남자현의 아들과 손자들의 본적지가 영양군 수비면首比面 계동桂洞으로 되어 있다. 이는 남편이 세상을 떠난 뒤 영양군 수비면 계동으로 옮겨가 살았다는 말이다.

남편이 전사한 뒤 남자현의 행적은 크게 두 가지로 정

리된다. 첫째는 생계 활동과 여성의 부덕과 관련된 부분
이다. 남자현은 직접 길쌈과 농사를 지어 생계를 유지하
였다. 그러나 홀로 시어른을 모시며 유복자를 기르는 일
이 쉽지 않았을 것이다. 그 때문인지 여러 해 동안 아버
지 남정한과 함께 살았다. 어려운 여건 속에서도 시어머
니를 잘 봉양하여 진보면에서 효부상을 받기도 했다. 이
는 당시 전통적인 여성이 갖추어야 할 부덕을 실천하는
전형적인 모습이다.

둘째는 의병항쟁 지원과 관련된 부분이다. 아버지 남정
한이 1907년 정미의병에 나서자, 남자현이 이를 적극 도
왔다는 기록이 여러 곳에서 보인다.

　　남자현이 의병이 참여하였고, 적이 '한국의 여비
　장'으로 불렀다.

(《진광》 창간호, 1934)

　　1907년 가을, 열사의 선친이신 남정한 선생이 의
　병을 일으켜 자택을 임시 의병장 영소로 삼고 활약
　할 때 남 여사는 장정 소집과 정보 수집 책임을 지

고, 적의 후방 교란 등 여성의 입장으로는 대담무쌍
한 활약을 하였다.

(이강훈 편저, 〈남자현 여사〉, 《청사에 빛난 순국선열들》,
역사편찬회출판부, 1990)

1907년 친정아버지 남정한을 따라 의병전쟁에 투신
했으니, 지사의 파란만장한 생애는 이것이 시작이었다.

(박영석, 〈남자현지사 항일순국비문〉, 1999)

1905년 을사늑약 이후 영양 일대에서는 여러 의병들이
일어나 활동을 이어 갔다. 벽산 김도현은 1905년 9월 창
의하였으나 실패한 뒤 이듬해인 1906년 1월, 영양에서 포
군 50~60명을 인솔하여 다시 일어났다. 청송에서는 영양
출신 이현규李鉉圭가 의병을 일으켰다. 2월 이현규는 의
진 결성을 마무리하고 본격적인 활동에 나섰다. 4월에는
영천의 정용기가 산남의진을 결성하였고, 신돌석도 영릉
의진을 일으켰다.

이들 가운데 남정한 및 남자현과 관련하여 이현규李鉉
圭, 1874.11.16.~1917.2.3, 이명 이하현에 주목할 필요가 있다.

이하현독립운동기념비
이현규(이하현)를 기리는 항일의병기념비이다. 경상북도 영양군 석보면 지경리 소재.
ⓒ 독립운동기념관

그는 남자현이 살았던 영양군 석보면 지경리 출신이다. 본
관은 재령載寧, 자는 하현夏玄, 호는 내산奈山 또는 우해
于海이다. 석계 이시명의 후손으로서 남자현 집안과 가까
운 관계였다. 남자현과는 한 살 차이였고, 거처하던 집도

도로 바로 맞은편이었다. 1906년에 의병을 일으킨 이현규의 이 같은 행보가 남정한과 남자현에게 영향을 주었으리라 생각된다.

이현규 외에도 태백산맥 줄기를 따라 신돌석·김성운·류시연 등 수많은 의병들이 드나들었다. 남자현의 아버지 남정한은 이들과 연계하여 의병전쟁을 지원했던 것으로 짐작된다. 정미년(1907년), 친정아버지 남정한은 이미 77세였다. 그런 고령에 직접 의병에 나서기는 어려우므로, 지원이나 상징적 지도자의 역할에 머물렀을 가능성이 크다. 이와 관련하여 이강훈의 기록이 이목을 끈다. "1907년 가을, 열사의 선친이신 남정한 선생이 의병을 일으켜 자택을 임시 의병장 영소로 삼았다."는 내용이다. 남자현의 아버지는 의병들을 위해 자신의 거처를 제공하고, 정보 수집과 의병 모집활동을 도운 것으로 보인다.

김성삼 또한 〈나의 생애〉에서 비슷한 내용을 언급했다. "나의 모친께서는 어린 나를 데리고 외조부 슬하에서 여러 해 동안 살았는데, 외조부 밑에서 수학한 수많은 청년들이 전국 각지로 흩어져 의병이 되어 싸웠다는 이야기를 수도 없이 들었고, 내가 만주에서 만난 독립군 가운데

에도 외조부 밑에서 공부한 사람들이 여러 사람 있었다.”
고 하였다. 즉 남정한이 의병활동을 독려하고 지원하는
역할을 했음을 알려준다.

남정한이 의병항쟁에 적극 나섰다면, 함께 살았던 남
자현은 당연히 이를 도왔을 것이다. “남편의 원수를 갚겠
다고 어린 유복자를 시부모에게 맡기고 독립전선에 뛰어
들었다.”는 지복영의 기록이 이를 입증한다.

남자현의 집안은 이 같은 의병활동으로 상당한 고초를
겪은 것으로 보인다. “집안의 풍지風旨가 일시에 경도傾倒
되었다.”는 족보의 기록에서 이때 갑자기 가세가 기울었다
는 것이 드러난다. 특히 남정한의 집이 의병 본부로 활용
되었다면, 몰락의 위험을 감수해야 했다.

8. 1917년, 아들을 만주로 보내다

1910년 8월, 끝내 나라는 무너지고 말았다. 남편의 원수 일제가 나라를 강점한 것이다. 무너진 나라에서 살 수 없었던 시댁 친척들은 대거 만주로 떠났다. 떠난 시점은 명확하지 않지만, 답곡은 말할 것도 없고 귀미마을에서도 친척 여럿이 만주로 옮겨갔다.

남자현 또한 원수 일본과 한 하늘 아래 살고 싶지는 않았을 것이다. 그러나 눈앞의 현실에는 자신이 돌보아야 하는 열다섯 살 난 아들과 노모가 있었다. '죽은 남편의 의복을 몸에 가지고 다녔다'는 기록에서 그의 마음을 헤아릴 수 있다. 그야말로 의분義奮만 차곡차곡 쌓여 간 세월이었다.

비록 바로 떠나지는 못했으나, 남자현은 만주 지역 인사들과의 끈을 놓지 않았다. 한 기록에 따르면 남자현은 1913년부터 독립운동가들과 연계하였다.

1913년 8월경부터 최영호崔英鎬 · 채찬蔡燦 · 이하진李河鎭 · 남성노南聖老 · 서석진徐錫振 · 권 아무개權某 등과 연계를 가졌다는 기록이 이를 뒷받침한다.

《조선중앙일보》, 1933년 8월 26일자)

'1913년 8월 무렵'이라는 시점이 어떤 역사적 의미가 있는지 현재로선 파악할 수 없다. 남자현이 교유했다는 사람 가운데 활동내용이 확인되는 인물로는 채찬蔡燦, ?~1924, 이명 白光(狂)雲이 있다. 그러나 남자현이 채찬과 만주 망명 전부터 알고 지냈을 가능성은 적어 보인다. 채찬은 충북 충주 출신으로 1905년 이강년李康秊 휘하에서 의병항쟁을 펼쳤다. 나라가 무너지자 만주로 망명한 그는 신흥무관학교新興武官學校를 졸업하고, 백서농장白西農庄에서 농감農監으로 활동하였다. 그 뒤 서로군정서에 참가하여 모험대를 조직하고 국내에 잠입하여 무장활동을 펼쳤으며, 1920년부터 서로군정서 의용군을 조직하여 활동하였다. 이러한 채찬의 출생지나 활동 경력으로 미루어 볼 때, 만주 망명 이전에 남자현과 연락이 닿았을 가능성은 적다. 남자현과 채찬의 인연은 만주에서 이루어진 것으로 보인다. 이는 1922년 남자현이 채찬과 함께 군자금 모집활동 등을 펼쳤던 것에서 비롯된 사료상의 오류로 짐작되지만, 단언하기는 어렵다.

나라가 무너지고 4년의 세월이 흐른 1915년, 남자현은 새로운 변화를 맞게 되었다. 시어머니가 세상을 떠난 것이다. 시어머니의 죽음으로 남자현은 만주 망명길에 한 발짝 더 가까워졌다. 1917년, 남자현은 드디어 결심을 굳히고, 아들 김성삼을 만주로 보냈다. 만주의 상황을 살피기 위해서였다. 1917년은 시어머니의 상기喪期가 끝나는 시점이다. 시모상을 마친 뒤 아들 김성삼에게 만주행을 권한 것이다. 김성삼은 어머니의 권유에 따라 만주로 향하였다.

1917년 늦여름 나의 자친慈親께서는 비장한 각오
를 하시고 나에게 만주로 갈 것을 권유하셨다. 우리
집안의 친척 몇몇 분이 이미 만주로 가서 살고 있었
는데, 그 친척들을 찾아가라는 말씀이셨다. 나는 곧
고향을 떠나 서울로 올라왔다. 서울에 도착한 나는
그 당시 태평로太平路에 자리 잡고 있던 김현수의 집
에 묵으며 만주로 갈 수 있는 방법을 모색하였다. …
40여 일만에 통화현·궤자모자(쾌다모자-필자 주)·을
미·북태자北泰子에 도착하여 나와 오촌이 되는 친
족 김용주金龍周 씨를 처음으로 찾아갔다. 그 후 약
1년 동안 그곳에 머물고 있으면서 김용주 씨의 조카
인 김선종金善宗 씨로부터 신흥무관학교에 관한 이
야기를 들었다. 김선종 형은 여준呂準 선생이 우리나
라의 독립운동을 위해 이시영李始榮·이상룡李相龍·
김동삼金東三 선생 등이 세운 신흥무관학교에서 후
배를 양성하고 있다면서 그곳에 다니도록 나에게 역
설하였다.

(김성삼, 〈나의 생애〉, 1975)

김성삼이 서울에서 만났다는 김현수는 일가친척으로 짐
작되며, 만주에서 만난 김용주·김선종은 모두 친척이다.

그 규모는 명확하게 알 수 없지만, 이미 적지 않은 친척들이 만주로 옮겨가 있었다. 《의성김씨대동보》를 추적해 보면, 만주에 묘소를 둔 인물만 헤아려도 10여 명에 이른다. 이들은 모두 남편 김영주와 10촌 사이이다. 김성삼이 찾아간 김용주와 그의 조카 김선종은 그 친척 가운데 한 사람이다. 다만 김성삼은 김용주가 5촌이라고 하였으나, 실제로는 11촌 아저씨이다. 1919년 남자현이 망명지 만주에 도착했을 때 잠시 김귀주의 집에 머물렀다는 기록이 보이는데, 김귀주는 바로 김용주의 형이다.

이는 남자현이 망명하기 전 이미 친척들의 집단 망명이 이루어졌음을 뜻한다. 남자현의 만주 망명에는 이러한 가족적 배경이 자리하고 있다. 특히 김성삼이 김선종에게 신흥무관학교 입학을 권유받아 입학을 결심했다는 것은 망명 경위는 말할 것도 없고 이후 항일투쟁을 전개하는 데도 친척들의 영향이 매우 컸음을 뜻한다. 이는 만주에서 생활 근거지 마련이라는 측면에서도 매우 중요한 부분이었다.

남자현의 만주 망명이 1919년에야 이루어진 것은 무엇보다 생계 문제와 관련된 것으로 보인다. 1917년 한차례

27세	28세	29세	30세	31세	32세	33세
堡	弼揆	進洙	秉樞(係)	昶輝	鳳周	善宗(係)
					麟周	善斗
					龜周	善宗(出)
					龍周	善泰
					鶴周	善載
					李鎭杰(진성)	
			秉樞(出)			
		道洙	東和	班輝(係)	運周	
					趙鏞洙(함안)	
					李弘基(고성)	
					李昌基(고성)	
			達和	琮輝	顯周	
					宅周	宅周
				廷輝(出)		
				權銑		
	弼震	彦洙	命和	瓚輝	象周=남자현	善達(善台·星三)
					申泰富(평산)	
				李福燦		
				申泰華		
			元和	璉輝	周大	
					周鉉	
			載和	泳輝		
			柳致淵			
			孫必麟			
		養洙	致和			
	弼淳	(이하 생략)				
	弼琪	(이하 생략)				

남편 김영주 집안의 만주 망명자

: 만주 묘소

아들을 보냈던 것은 친척들의 상황과 만주의 사정을 조심스럽게 살피기 위해서였다. 망명 초기 동포사회의 최대 과제와 난관은 생존과 안정적인 주거 문제였다. 무엇보다도 중요한 것은 생존의 바탕이 될 산업의 마련, 즉 안정적 농업 경영이었다. 국내의 지원금은 한계가 있었으므로 특히 이상룡李相龍과 같은 지도자들은 이 부분에 신경을 쓰지 않을 수 없었다. 당시 중국은 중국 호적에 입적하고 10년이 지나야만 토지 소유권을 인정한다는 정책을 폈기 때문에, 가져간 자금이 있다고 해서 땅을 소유할 수 있는 형편이 아니었다. 중국인의 소작농으로 살아가야 했던 한인들에게는 차별화된 방법이 필요했고, 논농사가 바로 그것이었다. 만주 사회에서 중국인이 하지 못하는 차별화된 논농사의 성공은 생존을 담보하는 중요한 작업이었다. 그 때문에 만주에서는 '신풀이'라 불린 황무지와 습지를 개간하여 수전水田을 만드는 작업이 이루어졌다.

수전을 만드는 데는 남성뿐만 아니라 여성의 노동력 또한 매우 요긴했다. 이상룡의 손부 허은許銀, 1907~1997의 회고를 살펴보면, 당시 겨우 10살을 넘긴 여자아이였음에도 신풀이에 참여하였음을 알 수 있다. 연로한 노인을 뺀

허은

만주 독립운동 현장에서 시조부 이상룡·시부 이준형·남편 이병화 등과 고난을 함께하였다.
허은 구술·변창애 기록, 《아직도 내 귀엔 서간도 바람소리가》, 민족문제연구소, 2010.

모두가 중요한 노동력이었다. 허은은 "개간에는 이력이
났다."고 표현할 정도로 농사 경험이 많았고, 결혼한 뒤에
는 시어머니 이중숙과 함께 농사일을 도맡아 했다. 이를
통해 독립운동가 집안의 여성일수록 그 힘겨운 신풀이의
주체로 활약하였음을 알 수 있다. 이러한 노력은 만주 한

인사회의 경제적 안정에 큰 도움이 되었을 뿐만 아니라, 한인사회를 확장시키는 데도 크게 기여하였다.

이렇게 논을 개간하여 논농사를 짓고 난 뒤부터 비로소 밥을 맛볼 수 있었다. …일 년 비용도 갚고 비교적 안정된 생활이 시작되었다. 그러자 본국에서 농토 없이 고생하는 가난한 친척들을 불러들였다. 먼저 온 애국지사들은 개척지를 계획하는 일부터 이민자들을 배당하는 일을 대대적으로 했다. 이민 온 사람들 관리하고 통솔하는 일이 곧 애국활동이었다. 매년 봄가을 만주 동삼성 방방곡곡에 널린 한인 부락에 수십 호씩의 이민이 쏟아져 들어왔다. 아마 무오년(1918년 – 필자 주)과 기미년(1919년 – 필자 주)에 가장 많았을 것이다. …처음 도착하면 자치구에서 당번들이 나와 누구네 몇 가구, 또 누구네 몇 가구를 배당해 준다. 배당받은 집에서는 가옥과 토지가 완전히 결정되어 정착할 때까지 먹여 주고 보살펴 준다.

(허은 구술·변창애 기록, 《아직도 내 귀엔 서간도 바람소리가》, 2010, 73~75쪽)

남자현도 망명을 결심하며 이러한 경제적 상황을 무시할 수는 없었을 것이다. 즉 이를 종합하면, 남자현의 망명 배경에는 여러 요소들이 작용하였다. 우선 정신적으로는 항일투쟁에 대한 의지이다. 의병전쟁에서 전사한 남편의 대의를 실현할 공간으로 만주는 아주 적절한 곳이었다. 또한 앞서 망명하여 근거지를 마련한 친척들은 생존을 위한 뒷배경으로 중요하게 작용하였다. 당시 만주 한인사회가 경제적으로 안정을 찾아가고 있었다는 점도 이점이 되었다. 정신적 무장과 더불어 경제적·사회적 기반이 어느 정도 갖추어져 있었다고 보인다.

9. 드디어 만주로 향하다

남자현은 3·1운동의 기운이 감도는 1919년 2월 아들 내외와 함께 망명길에 올랐다. 남자현의 만주 망명 경로는 기독교 인사와 관련된 것으로 보인다. 만주로 향하기 전, 남자현은 서울에서 기독교 인사들과 함께 3·1만세운동에 참여하였다. 이는 남자현의 기독교 수용 시기를 가늠할 수 있는 중요한 실마리이다. 지금까지는 남자현의 기독교 수용 시기를 3·1운동 이후로 보는 견해가 많았다. 이는 해방 이후 생산된 두 자료에 근거한 것이다.

선생은 자기 일신의 파란 많은 생애로 보든지 민족의 비참한 정경을 보든지 조국광복운동 노선에 서 있는 자기의 입장을 보던지, 종교에 귀의하는 것이 필요한 것이란 것을 느끼었고, 특히 3·1운동에 많은 신자들과 접촉하고 연락하는 중에, 그 감화와 희생정신을 본받아 예수를 믿게 되었다. 예수의 희생정신과 애타사상과 민족관념과 그 참되고 거룩하고, 영원한 소망을 내다보며 용감히 싸워 나가는 정신이 자기 마음에 아주 부합하고 만족하였다.

(〈독립사상의 홍일점―여걸 남자현여사〉, 《復興》 제2권 2호, 1948년 12월)

한국 동포의 농촌을 개발하고 건국독립정신을 고취하였고 다시 북만주로 가서 활동하던 중 어느 날 우연히 전도사를 만나서 토론하던 차에 마침내 기독 신도자가 되기로 하였다. 남 여사는 열심히 신앙 생활을 하는 중 북간도에서 교회를 12개소나 설립했고, 여성계몽으로 10처소에 여자교육회를 조직하여 지도와 양성에도 노력하였다.

(《국민보》, 1959년 5월 20일자)

잡지 《부흥》에서는 3·1운동 과정에서 기독교 신자들과 접촉하고 그 영향으로 기독교를 수용했다고 기록하였고, 《국민보》는 북만주에서 우연히 전도사를 만나 기독교를 수용했다고 하였다. 엇갈리는 두 자료를 종합하면, 남자현은 3·1운동 과정에서 기독교 신자들과 접촉하면서 감화를 받았고, 본격적인 신앙으로 받아들인 것은 만주 망명지에서였다는 기록이 된다. 그러나 3·1운동이 일어난 시점에 갑자기 교회 쪽 사람들과 만나기는 어려워 보인다. 이전부터 교회 인사들과 깊은 접촉이 있었거나, 더 나아가 이미 기독교를 수용한 뒤였을 가능성이 있다.

아들 김성삼은 회고담에서 "1919년 2월 서울 남대문통에 살던 김씨 부인의 편지를 받고 서울로 간 남자현은 연희전문학교 근처의 한 교회에서 김씨 부인을 비롯한 교회 신자들과 3·1독립만세에 참여하였다."고 하였다. 김씨 부인이라는 단서만으로는 누구인지 밝히기 어렵지만, 교회와 연결된 인물임에는 틀림없다. 그렇다면 남자현은 남대문교회를 중심으로 한 만세시위 계획에 참여한 것으로 보인다. 당시 민족대표 33인 중의 1인이었던 이갑성李甲成이 경상도 지역 만세시위 조직 책임을 맡았는데, 그는 대구에서 목회하던 이만집 목사와 김태련 조사에게 독립선언서를 전달하여 경북 지역의 만세시위를 추진하였다. 즉 남대문교회는 경북 지역 만세시위의 지휘 본부처럼 이용되었다. 이 과정에서 남자현이 참여하게 된 것으로 보인다.

이러한 행보가 3·1운동 참여를 위한 교회 측 인사들과의 단순한 연계일수도 있지만, 영양에서 이미 기독교를 수용했을 가능성도 배제할 수 없다.

영양 지역의 첫 교회인 청기면 내당동교회內唐洞敎會는 1906년에 설립되었다. 《영양군지》에서는 영양군 청기면 내당리(찰당골) 전원구田元九라는 여인이 개신교를 믿고 그의 시아버지와 시동생에게 전도하여, 당시 80여 호의 마을에 30~50명의 신자가 모일 만큼 부흥했다고 하였다. 이어 1908년 수비면 계동에 계동교회桂洞敎會가 설립되었다. 계동은 바로 남자현이 살던 곳이다. 계동교회 초기 신자로는 강영익姜永翼·전첨구田忝九 등이 있었고, 그 뒤 점차 교인이 증가하였다. 전원구는 전첨구와 관련이 있어 보이며, 이름으로 보아 가족이거나 친척으로 짐작된다.

이어 1910년에 이르러 포산동교회葡山洞敎會가 설립되었는데, 이는 석주 이상룡의 동생 이상동李相東과 그 아들 백광白光 이운형李雲衡이 세운 교회였다. 이들은 1906년 기독교에 귀의한 뒤, 1909년 2월 영양군 석보면 포산동으로 이주하였다. 그곳에서 교회를 설립하는 한편 농업 개발 및 성서 연구에 매진하였다. 신자가 70여 명이나 되었고, 교인

이상동

이운형

이 점차 증가하여 1919년 예배당을 신축하였다. 포산동은 남자현이 유년 시절을 보낸 석보 지경리 바로 인근이다. 이처럼 1910년대 초반에 설립된 두 개의 교회가 모두 남자현과 지역적 연고가 깊다. 또한 남자현의 만주행은 이상룡의 조카인 이운형과 연계되었을 가능성이 크다.

이운형은 1913년 협동학교協東學校에 입학하였고, 1915년 졸업한 뒤로는 조교로 활동하였다. 협동학교는 일송一松 김동삼金東三 등이 교사로 활동하였고, 안동 지역 독립운동의 요람으로 중요한 역할을 했던 곳이다. 이곳 조교였던 이운형은 1918년 만주로 옮겨가 백부 이상룡의 독립운동을 지원하는 한편 전도 활동을 펼쳤다. 8월부터 동흥학교 고등과에서 4개월 동안 교사로 재직하다가, 1918년 11월 만주와 국내 3·1운동을 연결하기 위해 귀국

하였다. 국내로 들어왔던 이운형이 다시 만주로 출발한 날짜는 3월 10일이다. 남자현이 만주로 떠난 바로 이튿날이었다. 이러한 정황상 남자현의 만주행은 경북 지역 인사들과의 관계 속에서 이루어졌고, 그 중심에 기독교가 있었던 것으로 보인다.

10. 서간도 독립운동 중심부에 첫발을 디디다

3월 9일 서울을 떠난 남자현의 가족은 5일 만인 14일 통화현에 이르렀다. 일행은 우선 10촌 친척 되는 김귀주 金龜周를 찾아갔다. 김귀주는 남자현의 아들 김성삼에게 신흥무관학교 입학을 권했던 김선종의 생부이다. 남자현은 김귀주의 집에 오래 머물지 않은 것으로 보인다. 생계는 아들에게 맡기고, 곧바로 활동에 나섰다.

조선독립선언문을 배포하고 삼엄한 경계망을 벗

어나 3월 9일 만주로 와 동월 14일에 가족을 통화현
미동尾洞 김기주金起周(起는 龜의 오기로 보임-필자 주)
의 집에 두고, 자금 모집과 ○○ 운동에 맹렬히 활동
하다가…….

(《조선중앙일보》 1933년 8월 26일자)

가족과 함께 통화현에 도착하여 김선종을 만났
는데 신흥무관학교가 유하현으로 이전하였다고 전
해 주었다. 그리하여 만리거우에 있는 이상룡 선생
과 이원일 씨를 만나러 갔다. 그때 이원일 씨는 그곳
에 있는 단 하나의 우리 소학교 교장이었다. 그분들
의 말에 의하면, 일본 토벌대가 와서 신흥무관학교
를 다 태우고 인명도 4명이나 사살하였다는 것이다.

(김성삼, 〈나의 생애〉, 1975)

아들 김성삼은 염두에 두었던 신흥무관학교에 대해 물
었다. 그런데 학교가 통화현에서 유하현으로 옮겨갔다는
소식을 듣게 되었다. 1919년 3·1운동은 만주 신흥학교에
도 큰 영향을 끼쳤다. 국내에서 수많은 청장년이 망명해
왔고, 그 열기도 상당히 뜨거웠다. 이에 발맞추어 신흥학

신흥무관학교가 있었던 대두자 마을 전경
중국 통화시 유화현 고산자진 대두자촌.

교는 그 본교를 고산자 하동河東 대두자大肚子로 옮겼다.
통화현 합니하에 있던 신흥학교는 지형적으로 군사를 기
르기에 적합했지만, 몰려드는 청년들을 다 수용할 수 없
는 한계가 있었기 때문이다.

김성삼은 이상룡과 이원일李源一을 찾아 만리거우[馬鹿區]로 향했다. 당시 만리거우에는 경북 출신 독립운동가들이 여럿 살고 있었다. 이원일도 가족들과 함께 만리거우에 살았다. 이는 그의 딸 이해동李海東의 회고록《만주생활 77년사》에서도 확인된다. 이원일은 안동 예안 출신으로, 하계마을 진성이씨 만화헌晩花軒의 주손이다. 만화헌은 고조부 이세사李世師의 호이자 당호이다. 1910년 나라가 무너지자 향산響山 이만도李晩燾, 1842~1910가 단식 순절한 곳이 바로 만화헌이다.

단식을 결심한 이만도는 마지막 임종을 편안히 자택에서 맞을 수 없었다. 관직에 몸담았던 사람으로서 나라를 잃어버린 죄인이라 여겼기 때문이다. 그는 선부군(양부)의 묘소가 있는 재산 명동明洞을 죽을 자리로 정하고, 그곳으로 향하였다. 가는 길에 그는 재종손(친가로는 주손) 이강호의 집을 찾았다. 이강호는 이원일의 아버지이다. 이만도가 단식의 뜻을 꺾지 않자, 이강호는 "이곳 역시 궁벽한 객지이니, 하계의 집으로 돌아가지 않으시려면 이곳에 머무십시오."라며, 자신의 집에 머물러 주기를 간곡히 권하였다. 이만도는 그 뜻을 받아들여 이강호의 집, 만화

만리거우 현재 모습
중국 통화시 유하현 류남향 마록구촌.

헌에서 단식을 시작하였던 것이다.

이원일의 아버지 이강호는 종조부 이만도가 단식하는
동안 이를 뒷바라지하며, 많은 방문객을 맞았다. 그리고
그 장엄했던 24일을 《청구일기靑邱日記》로 남겼으며, 이어
이만도가 순국하자 장례를 치른 뒤 아들 이원일을 앞세

우고 가족 모두 만주로 망명하였다. 그 망명 대열에 뒷날 일송 김동삼의 며느리가 된, 여섯 살 꼬마 이해동이 있었다. 세월이 흘러 이해동은 15세가 되던 1920년, 김동삼의 아들 김정묵金定默과 혼인하였다. 이들을 중매한 사람이 남자현으로 알려져 있다.

이원일은 협동학교 출신으로, 김동삼의 제자이자 투철한 동지였다. 1911년 만주로 망명한 그는 이상룡·김동삼 등과 함께 경학사耕學社 조직에 참여하여, 간도 지역 독립운동 기반 조성에 힘썼다. 1920년대에는 무송현撫松縣에서 흥업단興業團 결성에 참여하여 재무를 담당하고, 이주 한인의 생활 안정에 매진했다.

이상룡과 이원일을 찾아갔지만 김성삼의 신흥무관학교 입학은 쉽지 않았던 것으로 보인다. 46세의 어머니와 가족을 거느리고 만주로 망명한 23세의 그에게는 호구지책을 마련해야 하는 과제가 놓여 있었다. 당시 신흥무관학교는 속

이원일

성과도 운영하였지만, 김성삼이 오로지 학교에만 전념하기에는 현실적으로 무리였던 것으로 보인다. 그의 입학은 청산리전투와 간도참변으로 학교가 완전히 무너진 뒤, 액목현에서 학교가 재건될 때 비로소 이루어졌다.

한편 남자현은 가족과 헤어져 적극적으로 무장활동 지원에 나선 것으로 보인다. 이 무렵의 만주는 희망의 물결로 일렁였다. 1919년 2월 만주 길림에서 〈대한독립선언서〉가 발표되었다. 제1차 세계대전이 끝난 직후 나라 안팎에서 독립선언서가 발표되었는데, 그 흐름을 이끌어낸 것이 바로 이 선언이다. 이어 3월 1일 국내에서 독립만세가 터지자, 간도 지역에서도 만세 소리가 울려 퍼졌다. 경북인의 주 활동무대였던 유하현 삼원포에서도 독립을 선언하고 일어났다. 2백여 명의 한인들이 조국독립을 위한 연설회를 열고 독립만세를 외쳤다.

잇따른 독립선언과 들불처럼 일어난 3·1독립만세! 이는 겨레의 독립과 자주를 세계 만방에 천명한 것이었다. 3·1독립선언 뒤 많은 청년들이 만주로 들어왔다. 이에 늘어나는 망명인들을 추스르고 독립전쟁을 위한 준비에 나섰다. 신흥무관학교를 확대 개편하는 한편, 자치단체 한

석주 이상룡

족회를 꾸리고 군정부를 세웠다. 그런데 마침 상해에서
대한민국 임시정부가 수립되었다는 소식을 전하자, 군정
부는 임시정부 산하 조직인 군정서 조직으로 방향을 잡
았다. 그것이 바로 서로군정서西路軍政署였다.

남자현이 처음 몸을 담은 곳이 바로 이 서로군정서이다. 독판 이상룡, 참모장 김동삼 등 고향 출신의 독립운동가들이 서로군정서를 이끌어 가고 있었다. 서로군정서에서 남자현의 구체적인 행보를 알려주는 자료는 없다. 다만 이 시기 서간도 지역에서 이루어진 여성들의 역할 범주를 넘어서지는 않을 것으로 짐작된다. 이와 관련하여 허은의 구술은 당시의 여성들의 활동을 추적하는 요긴한 자료다.

서로군정서에서는 의복도 모두 단체로 만들어서 군정서 조직원들에게 배급해 주었다. 부녀자들이 동원되어 흑광목과 솜뭉치를 산더미처럼 사서 대량으로 생산했다. 일본의 감시를 피하기 위해 중국식 검정 두루마기를 만들어 입도록 했다. 이 두루마기 한 벌을 받으면 다 해지도록 입곤 했다. …조직원들이 워낙 많기 때문에 그들을 먹여 살리는 일만 해도 큰 돈이 들었다. 또 해 먹이는 일 그 자체가 큰 역사役事였다. 작은 국가 하나 경영하는 것이나 다름없었다.

(허은 구술·변창애 기록, 2010, 116·120쪽)

여성들은 광목과 솜뭉치를 산더미처럼 쌓아 놓고 대량으로 대원들의 옷을 만들었다. 또한 대원들의 식사를 해결하는 일도 간단치 않았다. '조직원들을 해 먹이는 자체가 큰 역사였으며, 작은 국가 하나 경영하는 거나 다름이 없다'고 한 허은의 회고는 만주 항일투쟁사에서 여성들의 역할을 암시하는 중요한 대목이다. 남자현은 앞서 망명했던 여성들과 함께 서로군정서를 지원하며, 안정적인 정착 방안을 모색해 나갔을 것으로 보인다.

여성들은 한족회와 같은 자치단체 유지에도 중요한 역할을 담당하였다. 자치단체는 밖으로는 중국과의 관계에서 권리를 확보할 수 있는 중요한 기구이자, 안으로는 동포들의 힘을 집결시켜 독립운동기지 역할을 하는 중요한 공동체였다. 이러한 공동체를 운영하는 데 남성들이 큰 틀을 만들고 꾸려 가는 역할을 수행했다면, 여성들은 실제 생활에서 이를 지탱하는 큰 바탕이었다. 여기에 부인회의 역할이 컸다. 허은은 이를 이끌었던 여성으로 곽영·양기탁의 부인을 거론하였다. 부인회는 국치일과 개천절(10월 3일) 행사에도 적극적으로 힘을 모았다. 공동체의 민족의식 함양에도 기여했음을 알 수 있다.

아직은 망명지에서 탄탄한 기반이 없었던 남자현은 먼저 만주로 망명한 여성들을 도우며 독립운동을 지원하는 선에서 활동을 시작했다고 보면 틀리지 않을 것이다. 이와 더불어 남자현이 펼쳤던 자금 모집활동 또한 독자적인 행보라기보다는 한족회의 세금 모집활동을 도운 것으로 보인다.

서로군정서와 자치단체 지원선에 머물렀던 남자현의 투쟁은 일제의 간도 출병 후 변화를 보였다. 1920년 일본군의 독립군 대토벌작전으로 서로군정서가 백두산 안도현을 거쳐 북간도 지역으로 이동하자, 남자현도 함께 이동하였나. 이곳에서 독립군의 간호에 적극적으로 나섰다는 기록이 보인다. 남자현이 실제로 청산리전투 현장에 있었는지에 대한 명확한 근거는 없다. 다만 안도현 쪽으로 움직였다면 후방에서 지원하는 역할을 수행했을 가능성이 크다.

11. 무너진 독립군기지 재건에 힘쓰다

1921년 남자현은 액목현額穆縣에 그 모습을 드러냈다. 신문에서 "1921년 길림성 액목현 나인구에서 ○○회를 조직하고, 각지에 ○○를 했다."는 기록이 확인된다. 청산리 전투 이후 간도참변으로 통화현·유하현 일대의 독립운동 중심부가 무너지자 액목현으로 옮겨간 것이다. 이 무렵의 '액목'이라는 공간에 주목할 필요가 있다. 당시 액목현은 간도참변 후 이상룡·김동삼·여준 등이 신흥무관학교를 재건하고자 모여 있었던 곳이다. 이와 관련하여 아들 김성삼의 회고는 중요한 실마리를 제공한다.

　　나는 신흥무관학교 입학을 위해 다시 여준의 행방을 찾았다. 액목에 있다는 이야기를 듣고 찾았지만 찾지 못하고, 액목현 삼송 삼도거우에 머무르며 농토를 구해 농사를 짓기 시작하였다. 그런데 여준은 삼도거우에서 2백 리 떨어진 곳인 대황지大荒地에 머물고 있음을 알게 되었다. 그곳에 찾아가니 황학수·이탁·이동녕·신숙 등이 함께 있었고, 자신을 비롯한 청년 여러 명과 신흥무관학교를 재건하였다. 그런데 신흥무관학교는 경제적인 운영난에 빠져 소황지小荒地로 옮겨 검성중학교儉成中學校를 개교하게 되었다.

(김성삼, 〈나의 생애〉, 1975)

　　남자현은 아들과 함께 액목현으로 옮겨 갔고, 신흥무관학교 재건에 힘썼다. 액목현에서 신흥무관학교를 다시 세우려고 했다는 사실이 여러 자료에서 확인된다. 허은은 회고록에서 이상룡이 머물렀던 길림성 액목현 교하에 금성중학교가 있었는데, 이 학교는 신흥무관학교를 옮긴

검성중학교가 있었던 마을
현 중국 교하시 오림조선족향 신안촌.

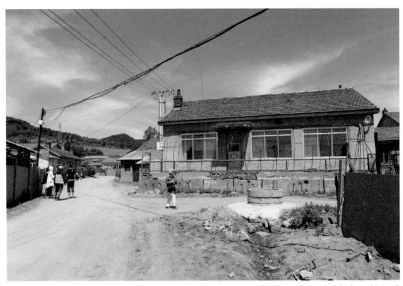

액목현 교하 검성중학교 터
중국 길림성 교하시 오림조선족향 신안촌 소재.

것이며, 여준이 교장이었고 오광선이 교사였다고 회고하였다. 황학수黃學秀의 〈몽호해외기夢乎海外記〉에서도 서로 군정서 본부가 유하현에서 액목현으로 이동할 때 서로군 정서 부독판 여준이 액목현 황지강자黃地崗子 한국인 촌락에서 검성중학원儉城中學院을 신설하였다고 기록하였다. 이로 보아 금성중학교는 검성중학원과 동일한 학교로 보인다.

중국 연구자인 원시희는 1922년 초 액목현 대갱지(현 교하현 남강자향)에 검성학장이 설립되었는데, 검성중학으로 이름이 바뀌었다고 기술하였다. 또 "설립 초기에 여준이 교장직을, 오광선이 체육교사를 맡았다. 학생들은 70~80명이었는데, 많을 때는 1백여 명에 달했다. 학제는 2년이었다. 학생 모두가 함께 유숙하고 생활하였으며, 반은 노동하고 반은 학습하였다. 이상룡의 《대동역사大東歷史》와 조선어문, 영어·수학·지리 등을 가르치며 군사훈련을 병행하였고, 학교에는 개간한 농장이 있었다."고 하였다.

지청천池靑天의 딸 지복영池福榮, 1920~2007도 검성중학교의 모습을 비교적 소상하게 회고하였다.

학과 공부는 주로 오전에만 하고 오후에는 선생·학생 구별 없이 모두 들에 나가 농사를 짓는데 개인의 농사가 아니라 학교 공동의 것이었다. 학생들의 연령은 소학교나 마찬가지로 격차가 심했는데, 오빠의 나이는 겨우 열여섯으로 가장 어리고, 삼십이 넘는 애기 아버지들이 적지 않았다. …검성학교는 농사일 말고도 군사교육을 많이 하였는데 오전에 학과 공부, 오후에 농사일을 하다 보니 남는 시간이 많지 않아 새벽이나 저녁 시간을 이용하였다. 비록 목총이지만 진짜 총 못지않게 이용하면서 군사 지식을 터득하는 동시에 체력을 단련하였다. 군사훈련 때에 교관은 구령 대신에 호루라기를 많이 불었다. … 검성중학은 시당時堂 여준 선생이 솔선하고 교포들이 힘을 모아 세운 학교이다. 요새 학제나 교육 내용으로 보면 중·고등학교 내지 전문학교 수준의 학교이다. 교장은 물론 여 선생님 본인이고, 그 밖에도 오광선 씨를 비롯한 독립운동가들이 모여 가르쳤다. …내가 액목현 황띠깡즈黃地崗子에 갔을 때는 검성중학교 교장으로 있으면서 후진 양성에 힘을 아끼지 않았다. 내가 이듬해 그곳을 떠난 직후 좌익 세력이 밀고 들어와 한인사회에 큰 혼란을 일으키는 바람에 학교는 그만 폐교의 운명을 면치 못하였다.

(지복영 지음·이준식 정리, 2015, 43~44쪽)

검성중학교 학생들의 연령은 그 격차가 컸는데, 남자현의 아들 김성삼은 20대 중반의 나이 많은 학생이었다. 김성삼은 액목현 황지강자에서 학업과 농사일을 하며 만주에 정착하기 시작했고, 남자현은 교육활동에 적극적으로 나섰다. 1921년 길림성 액목현 나인구를 중심으로 그 인근에서 교육활동을 했다거나, 이곳을 중심으로 20개가 넘는 교육기관을 만들었다거나, 액목현 삼송육도구杉松六道溝에서 활약했다는 기록은 남

지복영
ⓒ 이준식

자현이 서로군정서 요인들을 따라 함께 움직였으며, 주요 역할은 교육활동이었음을 말해 준다. 1920년대 중반까지 남자현의 활동 가운데 교육활동은 중요한 부분을 차지하고 있다. 또 북만주 12곳에 교회를 세우기도 했다는 기록은 그의 주요 교육활동 영역이 교회였음을 시사한다.

남자현이 1921년 액목·화전·반석 등지에서 활동했다는 것은 중요한 의미를 갖는다. 바로 신흥무관학교에 입학하려는 아들과 함께 액목현으로 함께 움직였고, 서로군정서와 한족회의 본부가 있었던 화전현에서도 활동했다는 뜻이기 때문이다. 서로군정서는 화전에 본부를 두고 활동을 이어갔는데, 그중에서도 신흥무관학교 재건은 중요한 작업 가운데 하나였다.

교육활동과 더불어 남자현은 독립군단 통합에도 노력하였다. 남자현이 다시 사료에 등장하는 시기는 1922년이다. 이해에 '참의부 중대장 백광운의 지령으로 군자금을 모집했다'는 내용이다. 1922년이라는 시기와 백광운에 주목할 필요가 있다. '참의부 중대장 백광운'이라는 기사 내용 때문에 지금까지 남자현은 참의부에서 활동한 것으로 정리되었다. 그러나 1922년은 아직 참의부가 조직되기

이전이므로, 남자현이 참의부에서 활동했다고 보기는 어렵다. 이 '참의부 중대장'이라는 표현은 신문기사가 쓰인 1933년 당시 백광운을 설명한 것으로 보인다.

1922년 남자현이 백광운의 지령을 받고 군자금을 모집했다면, 액목현에 머물며 활동하던 남자현이 다시 통의부를 중심으로 활동한 것으로 보아야 할 것이다. 1922년 8월 23일 만주의 독립운동 단체들은 환인현 마권자馬圈子에서 남만한족통일회의를 개최하고, 통합군단인 통의부를 조직하였다. 이때 이상룡이 이끌던 서로군정서 측에서도 통의부 성립을 위해서 채찬(백광운)·김선풍·박태호·이범천·김해운·한응열·유상엽 등을 대표로 파견하여 남만지역 독립군단의 대통합을 도왔다.

그 결실로 통의부가 탄생하였고, 총장에 김동삼이 취임하였다. 통의부는 의용군을 조직하여 항일무장 투쟁을 전개하였는데, 백광운은 제1대대 제1중대 중대장을 맡고 있었다. 즉 남자현은 통의부 의용군 제1대대 제1중대 중대장 채찬의 명을 받고 움직였다고 할 수 있다. 이는 남자현의 그 다음 행보와도 밀접하게 관련된다. 남자현은 1923년 환인현桓仁縣에서 여자권학회女子勸學會를 조직하였다. 즉 환인현 일대를 중심으로 여성교육활동을 펼쳤는데, 이 또한 남자현의 독자적인 움직임이라기보다는 통의부 활동의 하나로 보아야 할 것이다.

남자현은 이러한 활동과 더불어 동포사회 안정화에도 힘을 쏟았을 것으로 보인다. 이와 관련된 구체적인 자료는 확인되지 않지만, 충분히 짐작되는 부분이다. 특히 동포사회의 공동체 문화를 공고하게 하는 데는 누구보다도 앞장섰을 것이다. 지복영은 액목 검성중학교에서 치러진 1925년 8월 29일 국치일國恥日 행사에 대해서 소상하게 기록하였는데, 이를 통해 행사를 이끌어 간 남자현의 모습을 그려 볼 수 있다.

평생토록 잊을 수 없는 국치일 행사에 관한 기억이 있다. 8월 29일은 우리 민족에게 가장 부끄러운 나라 잃은 날이었다. 이 날은 우리 교포 어느 집을 막론하고 굴뚝에 연기가 오르지 않는다. 다시 말해서 우리 모두가 굶는 날이다. 나라 잃은 부끄러움을 절치부심 잊지 말고 정신을 분발하여 기필코 독립을 완수할 것을 다짐하는 날이다. 그리하여 낮에는 운

동장에서 기념식도 거행하고 또 중학교 학생들이 평
소에 연마한 군사교육으로 분열식도 하고, 격검擊劍
도 하여 교포들을 고무하였다.

(지복영 지음·이준식 정리, 2015, 47쪽)

국치일 밤에는 검성중학교 강당에서 노래와 연극판이
벌어졌는데, 빽빽하게 사람이 모였다. 그때 기념식에 참석
한 교포들이 모두 울면서 '국치의 노래'를 불렀다. 국치일
행사를 이끌며 함께 울분을 토해 냈을 남자현의 모습이
눈에 선하다.

1. 경술년 추팔월 이십구일은 조국의 운명이 떠난 날이니
   가슴을 치면서 통곡하여라 갈수록 종 설움 더욱 아프다
2. 조상의 피로써 지킨 옛집을 백주에 남에게 빼앗기고서
   처량히 사방에 표랑하노니 눈물을 뿌려서 조상하여라
3. 어디를 가든지 세상 사람은 우리를 가리켜 망국노라네
   천고에 치욕이 예서 더할까 후손을 위하여 눈물 뿌려라
4. 이제는 꿈에서 깨어날 때니 아픔과 슬픔을 항상 머금고
   복수의 총칼을 곧게 잡고서 지옥의 쇠문을 깨뜨지어다

(지복영 지음·이준식 정리, 2015, 48쪽)

12. 정의부에서 핵심인물로 활약하다

　　1923년 참의부 설립 이후 통의부는 1924년 들어 정의부正義府와 신민부로 재편되었다. 남자현은 여러 정황상 정의부에서 활약한 것으로 보인다. 이렇게 보는 관점에는 몇 가지 이유가 있다. 첫째, 아들 김성삼이 정의부 간부로 활동하고 있었다는 점이다. 이는 김성삼의 회고와 일제 정보문건을 통해 확인된다. 우선 김성삼은 〈나의 생애〉에서 다음과 같이 회고하였다.

나는 검성중학교에서 무관학교 속성과 과정을 졸업한 뒤 정의부 검찰대원檢察隊員이 되었다. 화전현에 본부를 둔 정의부의 지방조직에 성태영이 총관이 되고 이춘실李春實이 검찰대원으로 근무한 뒤의 일이었다. 내가 정의부 지방조직의 검찰대원이 되었을 때의 총관은 김재덕金在德이었다.

　당시 정의부는 지방조직 간부로 총관과 검무원檢務員을 두고 있었다. 김성삼이 언급한 검찰대원은 검무원의 잘못된 기억으로 보인다. 김성삼이 총관이라고 언급한 김재덕金在德, 1893~1981, 이명 金球·金岩은 1928년 4월 정의부 상임대의원常任代議員에 선임되어 활동한 인물이다. 그런데 1926년 12월 액목현 총관이 된 김구金九라는 인물에 주목할 필요가 있다. 한자는 다르지만, 김구金九의 출신지가 평양인 것으로 보아 김재덕의 또 다른 이명으로 추정된다. 이에 대해서는 좀 더 세밀한 추적이 필요하다. 한편 일제 측 보고에는 1925년 7월 무렵 김성삼金星三의 직책이 정의부 보안대 소대장으로 기록되어 있다. 이 또한 동명이인인지 추후 확인이 요구된다.

둘째, 남자현이 1926년 12월 정의부와 한족노동당韓族勞働黨, 남만한인청년총동맹南滿韓人靑年總同盟(남만청총)이 주도한 조선혁명자후원회朝鮮革命者後援會의 발기인으로 참여하였으며, 이듬해 중앙위원으로 선임되었다는 점 또한 남자현이 정의부와 관련이 있었음을 알려주는 대목이다.

셋째, 남자현이 사이토 마코토齋藤實 총독 암살을 위해 국내로 잠입했을 때, 그에게 총을 준 인물로 김문거가 거론되고 있다는 점이다. 김문거는 오동진吳東振이 붙잡힌 이후 정의부 의용군 제3중대장으로 활약한 인물이다. 이로 보아 김문거는 그 이전부터 정의부 의용군으로 활약하였고, 남자현이 그로부터 총을 받았다는 것은 정의부와의 연관성을 시사하고 있다.

이러한 몇 가지 정황상 1920년대 중반 이후의 활동은 정의부 차원에서 이루어졌다고 보는 것이 설득력이 있다. 지금까지 연구는 단편적 자료에만 의존하다 보니, 만주 항일투쟁사에서 남자현의 역할이 잘 드러나지 않았다. 그러나 만주 항일투쟁사에서 남자현의 위치를 제대로 자리매김하려면 정의부와의 연계 속에서 그 활동을 조명해야 할 것이다.

만주 곳곳에 독립의 정신을 심다

남자현의 정의부 활동 가운데 먼저 주목해야 하는 것
은 교육계몽운동이다. 남자현은 1920년대 전반기부터 꾸
준히 추진해 온 교육활동을 멈추지 않고 이어 나갔다. 채
영국의 연구 《한민족의 만주독립운동과 정의부》(국학자료
원, 2000)에 따르면, 교육활동은 정의부에서도 무엇보다
중요하게 여긴 사업이었다. 정의부는 교육령을 발표하고,
포고문에서 교육의 목적을 단순히 문맹 퇴치 또는 인성
함양뿐만 아니라, 현실을 개척하는 실용적인 재산으로
습득해야 한다고 밝혔다. 이러한 정책에 입각하여 한인촌
락마다 학교를 설립하고 시설을 갖추었지만, 교육 담당자
는 많지 않았다. 이러한 실정에서 글을 깨친 남자현은 비
록 여성이었지만 유용한 인재였다. 더군다나 해마다 증가
하는 한인 동포들의 여성교육에서 큰 몫을 하기에는 충
분하였다. 다만 기독교인이다 보니 그 활동 중심 무대가
교회였다는 특징이 있다.

남자현의 교육활동 모습을 담은 자료로는 지청천의 딸 지복영의 회고가 유일하다. 1924년 어머니를 따라 만주로 간 지복영은 이듬해 1925년 여섯 살에 액목현 황지강자의 검성중학 부속 소학교에 입학하였다. 그때 남자현이 그곳에 있었으며, 여성계몽에 열정을 쏟았다고 기록하였다.

특히 부녀자들의 무지는 더욱 말이 아니었다. 그때 그곳에는 우리 독립운동사에도 빛나는 남자현南慈賢이라는 분이 있었는데 그분은 여걸女傑이었다. …일함에 있어 매우 열성적이어서 짚신감발로 추운 날 더운 날을 가리지 않고 동분서주했는데 황띠깡즈에서는 특히 여성계몽에 정열을 쏟았다. 몸소 이 집 저 집 찾아다니며 개별적으로 계몽하기도 하였지만, 더 적극적으로 부녀자들을 한곳에 모아서 그들을 계도하였다. 그러나 부녀자들의 호응은 별로 신통한 것 같지도 않아서 회의를 할 터이니 모이라고 하면 "회라니 무슨 회요? 생선회요? 육회요? 하고 농담인지 비아냥인지, 아니면 정말 까맣게 아무것도 몰라서인지 알 수 없을 정도로 비협조적이었다. 그래서 그는 열심이었고 부녀자들이 모이면 열

심히 현금現今 우리가 처해 있는 형편이며 우리의
이 비참한 망국의 설움과 그 멍에를 벗으려면 남자
뿐 아니라 우리의 여자들도 남편을 돕고 아들을 도
와 독립운동에 참여해야 하며, 그러기 위해서는 글
도 배워야 한다고 역설했다. 그래서 동네 한글이라
도 좀 아는 부녀자가 그를 도왔다. 나의 어머니도
한글을 알고 있었고 예쁜 궁서체로 붓글씨도 잘 쓸
줄 알았기 때문에 남 여사를 도와 부녀자들에게 한
글을 가르치셨다.

(지복영 지음·이준식 정리, 2015, 45~46쪽)

이 글은 액목현 황지강자 일대에서 활약하는 남자현
의 모습을 잘 보여 준다. 그는 집집마다 부녀들을 찾아다
니기도 하고, 또 그들을 모아 놓고 계몽하기도 했다. 그러
나 그들의 호응을 얻어 내는 것은 쉽지 않았다. 회의라도
하려고 하면 "회라니 무슨 회요? 생선회요? 육회요?"라며
조롱하기 일쑤였다. 그러나 남자현은 부녀들에게 우리가
처해 있는 식민지 현실을 자각시키고자 했으며, 이를 극
복하려면 여성들도 독립운동에 참여해야 한다고 설득하
였다. 그리고 그 한 걸음이 바로 교육에 달려 있음을 일

깨워 주었다.

　교육활동은 남자현이 만주망명 이후 줄곧 펼치던 중요한 활동이었다. 해방 뒤의 기록이긴 하나 《독립혈사》의 〈남자현 여사 약전〉에도 그의 활약상이 소상하게 담겨 있다. "1919년 3월 9일 만주로 망명하여, 그곳 서로군정서에서 성심을 다해 활동하는 한편 우리 독립운동 단체와 군사기관, 농촌을 순회하며, 우리 동포에게 조국독립 정신을 고취하였다. 북만 일대 12곳에 교회와 예배당을 세우고 성심으로 전도하였고, 10여 곳에서 여자교육회를 설립하고, 여성계몽과 해방운동에 진력하였다."는 내용이다. 이는 남자현이 여성들의 교육에 남다른 힘을 쏟았음을 말해 준다.

　또한 남자현에게 기독 신앙과 전도 여정은 여성계몽, 나아가 독립운동과 다르지 않았다. 개인의 구원이 곧 국가와 민족을 위한 길과 다르지 않았다는 것이다. 한 인간의 종교적 과제가 민족의 과제와 조화를 이룬 셈이었다. 그에게 하나님 나라의 의義는 곧 이 땅의 의義를 구현하는 길이었다. 더불어 주목할 점은, 정의부 안에는 오동진을 비롯한 기독교 인사들이 많았다는 사실이다. 이들과

의 관계가 '여성 남자현'이 자신의 신념을 밀고 나가는 중
요한 추동력이 되었던 것으로 짐작된다. 이는 같은 시기
이상룡의 손부 허은 등 독립운동을 내조했던 여성 지사
들과 다른 길을 갈 수 있었던 중요한 바탕이었다.

남자현의 이러한 교육활동은 1928년까지 이어지고 있
음이 사료에서 확인된다. 남자현은 1928년 1월 15일 길림
교당에서 '길림여자교육회 부흥'을 위한 총회를 개최하고
각종 결의를 하기도 했다. 이때 남자현은 사회자로 활약
하였다.

길림에 있는 유지부인 제씨는 적막한 길림여성계
를 위하여 봉화를 들고 일어났다. 길림에 있는 여성
을 한 깃발 아래 뭉치고 모르는 것을 알게 하고, 여
성운동의 역할을 다하기 위하여 길림여자교육회를
부흥시켰다. 1월 15일 길림교당에서 부흥총회를 열
고, 남자현씨의 사회 하에 의미 깊은 취지 설명과 각
종 결의가 있은 후, 회원 제씨는 금후의 발전을 위하
여 많은 기대와 축복을 하며 당선된 간부 제씨는 적
극적으로 활동한다.

(《신한민보》, 1928년 3월 15일자)

〈길림여자교육회 부흥〉

신한민보 1928년 3월 15일자.

조선혁명자후원회 중앙위원이 되다

남자현이 매진한 또 다른 활동은 독립운동가 후원 및 구명활동이다. 남자현은 1926년 12월 만주 지역의 정의부·남만청총·한족노동당 관계자 91명과 함께 조선혁명자후원회 발기인으로 참여하였다. 조선혁명자후원회, 일명 '모쁠МОПР'(모프르)은 혁명가와 가족들을 후원하고자 조직된 단체로서, 국제적인 흐름을 타고 만주에서도 조직된 것이다. '반혁명자를 제외한 남녀노소 누구나' 희망하면 가입이 가능하였다.

조선혁명자후원회 발기문

조선 민중이여! 지금 우리들의 혁명운동이 더욱 성숙해지고, 점차 조직화·군중화로 격렬해지면서 우리들의 원수인 강도 일본 제국주의자의 경계 및 압박은 일층 혹독하게 되었다. 저 무리의 이익을 옹호하기 위해 제조하고 있는 총창검극은 우리들의 혁명군중을 여지없이 학살 추방하고, 또 총체적 폭행의 끝을 다할 것이므로 그 감옥 안에는 우리들 혁명

투사들로 가득하다. 이들 투사의 전신에 덮치고 있
는 것은 과연 무엇인가? 굶어 죽고 얼어 죽을 뿐이
며, 이들의 그 건전한 육체와 정신은 결국 폐인이 되
는 것이 일층 심해져서 그들은 결국 혁명운동의 제
물이 되고, 그 가족들은 무참한 비경悲境에서 애통
할 뿐이다. 이 의협된 행위가 우리 민중을 위한 것이
라는 것을 아는 우리는 도저히 이 이상 침묵할 수
없다.

오호! 어찌하여 뜨거운 동정을 가지지 않는가. 우
리들과 마찬가지로 혁명적 해방운동을 진행하는 국
제의 여러 나라와 여러 민족 사이에 있어서는 일찍
부터 혁명자후원회라는 기관이 성립되어, 이미 오랫
동안 그들에게 직접 간접으로 표시하는 동정 정신
적·물질적으로 위로하는 그 숭고한 사업도 또한 세
계적으로 되고 있는 것도 사실이다.

일어나라! 우리 민중이여, 이 의거에 대해 어찌 주
저하겠는가. 우리도 이 숭고한 사업을 개시하자! 그
리고 이미 희생되어 감금되어 있는 혁명자 및 이들
의 비참한 가족을 후원하자!

이 기관 및 사업은 세계적으로 혁명자후원회(모
쁠)라 칭하고, 그 위에 혁명자후비역군을 교양 격려

하는 것이다. 지금 발기하는 우리들은 일치된 정신을 가지고 의기있는 여러 동지의 찬성을 구하고자 이 글을 광포함

조선혁명만세!
세계피압박민중해방 만세!
기원 4259년(1926) 12월 7일

1927년 3월 13일 혁명자후원회는 제1회 총회를 열었다. 그 뒤 준비 과정을 거쳐 1927년 11월 초순에 가서야 완전한 조직체계를 갖추게 되었다. 이때 남자현은 중앙위원이 되었다. 중앙위원에는 정의부원 다수가 포함되어 있었다. 위원장에 이광민, 위원에는 김상덕·고활신·남자현·리관린·권진화·김보국·박근식·박동초·김구가 이름을 올렸다. 여기서 더욱 주목할 점은 간부 명단에 남자현과 함께 또 한 명의 여성 리관린의 이름이 올라 있다는 점이다. 리관린李寬麟, 1897~1985은 평북 출신으로 평양여자고등보통학교 기예과를 졸업하였다. 만주로 망명하여 총영장 오동진이 이끄는 광복군 총영의 경리부장으로 활약하였으며, 그 뒤 정의부에서 활약하였다. 리관린은 문헌상으

〈혁명자후원회 완전히 조직되다〉

《동아일보》 1927년 12월 10일자.

로 정의부에서 활약했다는 사실이 확인되는 유일한 여성
이다. 최근 공개된 정의부 잡지 《전우戰友》 3호에는 "리장
청李長靑이 정의부에서 활동했다."는 사실이 기록되어 있
는데, 리장청은 리관린의 다른 이름이다.

리장청은 남자현의 양딸로 알려져 있다. 실제 양딸이었

는지는 확인할 길이 없지만, 정의부를 중심으로 활동하였으며 무장활동을 지향했다는 공통점이 있다. 이러한 인연으로 각별한 사이였던 것은 확실해 보인다. 두 사람은 1926년 12월 함께 조선혁명자후원회 발기인으로 참여하였으며, 이듬해 11월 12월 조선혁명자후원회 조직이 갖추어지자 여성으로서 중앙위원에 선임되었다.

사료상으로 조선혁명자후원회는 남자현에게 남다른 의미가 있다. 1919년 만주로 망명하여 남성 중심 단체인 정의부에서 활약하던 남자현의 이름이 처음으로 드러난 단체이기 때문이다. 활동을 시작한 지 꼬박 8년 만에 그는 간부로 이름을 올리게 된 것이다. 남자현의 1927년 '길림대검거사건吉林大檢擧事件' 구명활동 역시 이러한 흐름 속에서 이해해야 할 것이다. 이 사건은 안창호를 비롯한 독립운동계 지도자 3백여 명이 중국 관헌에게 체포된 일이다. 체포된 사람 가운데 최종 47명이 길림감옥에 갇히게 되자, 이에 독립운동계는 대거 구명운동에 나섰다. 남자현은 이들을 옥바라지하며 이 사건을 여러 곳에 알리고 비상대책반을 꾸리는 등 활발한 활동을 펼쳤다. 미쓰야협정三矢協定, 1925에 따라 이들이 일제에게 인도되면 독

길림대검거사건 발생지인 대동공장 터
현 중국 길림시 조양가 남2호.

길림감옥 터
현 중국 길림시 광화로 57호.

립운동계로서는 큰 타격이 아닐 수 없기 때문이었다. 남자현의 이러한 활동은 정의부와 당시 만주 지역의 독립운동단체에서 그 역할이 컸음을 보여 준다.

무장활동을 펼치다

남자현의 무장활동이 자료에 드러나는 것은 사이토 마코토 총독 암살시도와 관련된 활동부터다. 그런데 남자현의 국내 잠입 시기는 자료마다 1927년과 1928년으로 다르게 기록되어 있다. 《조선일보》와 《조선중앙일보》는 1927년으로, 《진광》은 1928년으로 기록하였다. 이 밖에도 해방 이후의 자료나 연구성과 또한 1925년과 1926년, 1927년 등으로 서로 엇갈린다.

…남자현이란 노파는 지금으로부터 20여 넌 전에 ✕✕운동자인 자기 남편이 일본인의 손에 죽은 것에 한을 품고, 원수를 갚는다고 하여 여자의 몸으로 전후 20년 동안을 두고 조선과 만주를 걸쳐 드나들며 ✕✕운동에 종사하던 중, 소화 2년(1927년-필자 주) 4

월에는 경성에서 재등 총독을 암살하고자 하다가 뜻을 이루지 못하고…….

(《조선일보》 1933년 6월 11일자)

남자현은 사이토 마코토齋藤實 총독을 암살하기 위해 1927년 4월 박청산朴靑山·김문거金文居·이청수 李靑守 등과 함께 길림성 안에서 계획을 세웠다. 4월 중순 드디어 남자현은 김문거로부터 권총 한 자루 와 탄환 8발을 받아 직접 서울로 숨어들었다. 혜화 동 28번지 고 아무개高某 집에 머물며, 교회 신자로 변장하고 총독 암살을 준비하였다. 그러나 남자현은 끝내 뜻을 이루지 못하고, 다시 만주로 돌아갔다.

(《조선중앙일보》 1933년 8월 26일자)

1928년 4월 선생은 암살단을 조직하여 단장에 추 대되었다. 단원 4명과 함께 폭탄과 권총을 감춰 경 성에 잠입한 선생은 일제 총독 사이토를 암살하고 자 계획을 세웠다. 그러나 함께 경성에 잠입했던 동 지 4명이 4월 6일 적에게 체포되고 무기마저 압수되 자 선생은 어쩔 수 없이 총독 암살계획을 접고 겨우 봄만 피해 다시 만주로 돌아왔다.

(《진광》 창간호, 1934, 12쪽)

이 내용과 관련하여 우선 함께 계획을 세웠다는 박청산·김문거·이청수에 주목할 필요가 있다. 이들 가운데 현재까지 그 행적이 밝혀진 인물로는 김문거가 있다. 앞에서 언급했듯이 김문거는 오동진 체포 이후 1928년 4월 정의부 의용군 제3중대장이 되었으며, 1928년 4월 조선혁명군朝鮮革命軍(정의부 의용군) 대원 17명을 거느리고 활동하고 있었음이 확인된다. 따라서 김문거는 그 이전부터 정의부 의용군으로 활약했다고 보는 것이 타당하다. 그렇다면 남자현의 사이토 마코토 처단 시도는 몇 사람의 의기투합으로 이루어진 거사일 수도 있지만, 정의부 무장활동의 하나로 전개되었을 가능성이 높다.

1920년대 중반 정의부 의용군에서는 모험대·암살대·모연대와 같은 전투부대를 편성하여 활동하였다. 만주에서 일제의 무력이 한층 거세지자, 정의부 의용군은 소수정예의 특수 전투부대를 구성할 수밖에 없었다. 실제 화전현 소화피구小化披溝에 근거지를 둔 정의부 의용군 1부대가 신민부와 연합해 암살대를 조직한 사례가 있다. 일제 관헌을 암살하고, 중동선과 간도 지방 친일파를 상대로 군자금을 모금할 목적으로 조직되었다. 남자현의 암살단 활동은 정의부 의용군의 이러한 무장활동과 관련되었다고 보는 것이 타당할 듯하다.

다만 남자현이 암살단 단장이 되었다는 부분은 다시 생각해 볼 여지가 있다. 당시 만주 지역 민족주의 계열 독립운동단체, 특히 정의부는 여성 인력 활용에 상당히 보수적이었다. 이에 관해서는 정의부 안에서도 비판의 목소리가 나올 정도였다. 이러한 정황상 남자현의 사이토 마코토 암살 거사는 경성까지 잠입하여 무장활동을 전개해야 한다는 어려운 상황에서 '기독교인 여성'으로서 변장에 유리했기에 가능했던 것으로 보인다.

다음은 국내 잠입 시기와 관련된 부분이다. 지금까지 여러 자료와 연구에서 1925년과 1926년, 1927년 등 다양한 시기를 제기해 왔다. 한국독립당 기관지인 《진광》에서는 "1928년 4월에 암살단을 조직하고, 함께 경성에 잠입했던 동지 4명이 4월 6일에 체포된 것"으로 기록하였다. 그러나 4월에 암살단을 조직하고 4월 6일에 경성에서 체포되었다면, 이 모든 것이 6일 만에 이루어졌다는 이야기이다. 이는 실제 불가능한 일로서, 사료의 신빙성이 부족해 보인다.

시기와 관련하여 정의부의 무장활동에 대해 주목할 필요가 있다. 채영국의 연구(국학자료원, 2000)에 따르면, 정의부는 1926년 1월 군민대표회軍民代表會를 결성한 뒤 무장활동을 강화하여, 국내진입작전과 만주의 일제기관 파괴 활동 등을 활발하게 전개하였다. 1926년 2월 의용군 지휘관들은 독립군 요원 보충 계획을 세워 의용군을 모집하였고, 무장투쟁력을 강화하기 위해 액목현에 무관학교를 설립하여 군사훈련을 실시하였다. 1927년에는 신민부와 합동으로 러시아 측과 연계하여 무기를 공급받았다. 1927년 4월 중순 러시아는 수백 개에 달하는 폭탄을 1차적으로 한국독립군 측에 공급하였고, 같은 달 말 무렵에는 또 다시 군자금 5천 원과 권총 50정(탄약 4백 발), 러시아식 총에 쓰이는 탄약 약 5천 발을 공급하였다. 이러한 러시아의 한국독립군 지원은 만주 지역에 침투하려는 의도로 파악되고 있다.

이러한 정황으로 헤아려 볼 때, 남자현의 국내 잠입 시점은 정의부 군사위원회의 무장활동이 본격적으로 전개된 1926년 이후, 즉 1927년 4월로 보아야 할 것이다. 더욱이 이 시기에는 정의부원들의 국내진입이 여러 차례 이루어졌다. 1927년 2월에는 6개 중대에서 차출된 12명의 특파대가 국내에 진입하여 활동을 전개하다가 일제의 감시망에 포착되었고, 4월에는 대원 이준복李俊福이 경성에 잠입하여 첩보활동을 펼치다가 종로경찰서에 체포되기도 했다. 그러나 비록 사료의 신빙성이 떨어진다 해도, 《진광》에서 제기한 1928년 또한 무시할 수는 없다. 1928년 4월은 김문거가 정의부 제3중대장이 된 시점이기도 하다. 현재로서는 두 가지 가능성을 열어 둘 수밖에 없다.

1927년 사이토 마코토 암살 시도 이후 남자현의 무장활동이 다시 드러나는 것은 일송 김동삼이 체포된 뒤다. 1931년 10월, 만주 지역 독립운동계의 최고 지도자 김동삼이 체포되어 하얼빈 주재 일본 총영사관에 구금되었다. 남자현은 친척으로 가장하여 김동삼을 면회하고, 안팎소식을 알렸다. 마침 그가 신의주로 이송된다는 소식을 들은 남자현은 구출 작전을 세웠으나, 날짜가 갑자기 바뀌는 바람에 성공하지 못하였다.

남자현의 구금자 탈출 시도가 만주 항일투쟁사에서 이때 처음 있었던 일은 아니었다. 1928년 정의부 의용군 총사령 오동진이 체포되어 갇혔을 때도 그를 구출하기 위한

일송 김동삼

활동이 전개된 적이 있다. 남자현의 김동삼 구출 작전 또
한 정의부 차원의 활동으로 이해해야 할 것이다.

13. 단지 혈서로 독립을 청원하다

　　1930년대 들어 남자현의 활동 무대였던 만주의 상황은 매우 절망적이었다. 1931년 만주사변滿洲事變에 이어 1932년 3월 일제가 '만주국'을 세웠기 때문이다. 남자현이 만주로 망명하여 항일투쟁을 펼친 지 12년 만에 만주마저 일제의 손에 넘어간 것이다. 만주 지역 항일지사들의 고뇌와 시름이 깊어진 시기였다. 여준·이청천 등이 사망했다는 설 등 온갖 어지러운 소문이 나돌았고, 이는 동지들과 동포사회에 큰 충격을 주었다. 이 소식에 이미 70세를 넘긴 이상룡은 병이 깊어져 끝내 1932년 5월 세상을 떠나고 말았다.

이 무렵 남자현이 어느 단체와 연계하여 활동했는지는 알기 어렵다. 정의부에서 함께 활동하던 동지 가운데 안동출신의 김동삼은 국내 경성형무소에 수감되어 있었고, 일부 인사들은 혁신의회에 이어 한국독립당에서 계속 활약하였다. 한국독립당에는 정의부 계열의 인사들이 많았다. 남자현도 한국독립당 인사들과 함께 활동했을 가능성이 크지만, 이는 단언하기 어렵다. 다만 당시 활동 공간은 하얼빈으로 추정된다. 남자현이 "신문에서 이청천의 사망 소식을 접하고, 가족들에게 비보를 전하며 함께 통곡하다가 하얼빈으로 돌아갔다."는 지복영의 기록으로 보아, 당시 하얼빈에서 활동한 것으로 짐작된다.

그러던 어느 날이었다. 액목현에서 뵈었던 남자현 여사가 손에 신문 한 장을 들고 통곡을 하며 우리 집에 들어서는 것이었다. "사모님, 이를 어쩌면 좋습니까? 이런 원통하고 분한 일이 또 어디 있겠어요? 백산 선생이 글쎄 마적의 손에 돌아가셨답니다." 하

는 것이었다. 처음에는 하도 놀라 어이없어하던 어머
니도 울음을 터뜨리고 언니도 따라 울었다. …남자현
여사도 울음을 그치고 자기가 적극 나서서 알아보
겠노라고 하고 하얼빈으로 떠나갔다. 그리고 다시는
만나지 못했는데, 그는 동지들과 모의하고, 주만주국
駐滿洲國 일본 대사 무토 노부요시武藤信義를 격살하
려고 무기와 폭탄을 운반하다가 하얼빈 교외 정양가
正陽街에서 일경에게 체포되어 갖은 악형에도 불하
지 않고 "독립은 정신으로 이루어지느니라."라는 말
을 남기고 순국하셨다고 다음 해에 소식을 들었다.

(지복영 지음 · 이준식 정리, 2015, 137~138쪽)

일제의 '만주국' 수립은 남자현에게도 큰 충격이었다.
이미 60세가 된 남자현은 더 이상의 무장활동을 펼치기
에는 어려웠다. 시름에 빠진 남자현에게 한 가지 소식이
전해졌다. 국제연맹에서 만주로 조사단을 파견한다는 기
사였다. 일본의 만주침략을 비난하는 국제여론이 일어나
자, 국제연맹이 현장을 조사하기 위해 대표단을 파견한
것이다. 이 소식을 들은 남자현은 독립의 뜻을 국제사회
에 알릴 수 있는 기회라고 판단하였다. 그는 단지斷指 혈

국제연맹 중일분쟁조사단장 리튼

서를 써서 전달하기로 마음을 굳혔다.

남자현은 하얼빈 남강 마가구에 있던 한 중국인 음식점에서 왼쪽 무명지 두 마디를 잘랐다. 그리고 '○○독립원○○獨立願'이란 다섯 글자를 썼다. 독립을 원하는 우리 민족의 뜻을 붉은 피로 쓴 것이다. 그런데 남자현이 썼다는 글자는 '한국독립원韓國獨立願', '조선독립원朝鮮獨立願', '대한독립원大韓獨立願'으로 자료마다 다르다. 실제 남

리튼이 묵었던 하얼빈 마예얼 호텔
중국 하얼빈시 도리구 중앙대가 89호.

자현이 쓴 혈서가 어느 쪽인지는 명확하게 알기 어렵다.
그가 정의부를 계승한 한국독립당 인사들과 교류를 지속
했다면 '한국독립원'이라는 글자를 썼을 가능성이 크나,
단언하기는 어렵다.

남자현은 혈서와 자른 손가락을 백포에 싸서 국제연맹 조사단에 전달할 기회를 살폈다. 그러나 경계가 엄중하여 쉽게 기회가 오지 않자, 인력거꾼에게 1원을 주어 전해달라고 부탁하였다. 그러나 혈서는 제대로 전달되지 않은 것으로 보인다. 비록 뜻을 이루지는 못했지만, 이는 일제의 만주국 수립이라는 상황에서 독립을 국제사회에 호소하려는 시도였다. 절망적인 상황에서 스스로 혼자서도 할 수 있는 길을 실천한 것이다.

14. 무토를 처단하러 길을 떠나다

1933년 3월 1일은 만주국 1주년 행사가 열리는 날이었
다. 이날은 우리 민족의 독립선언과 거사가 있었던 날이
기도 하다. 남자현은 이 소식에 동지들과 함께 일본 전권
대사 무토 노부요시武藤信義를 처단하려는 계획을 세웠
다. 만주국 1주년 행사가 열리는 1933년 3월 1일을 거사
일로 정하였다.

1933년 1월 20일, 남자현은 우선 부하 정춘봉鄭春奉
을 비롯한 몇 명의 중국인과 무기 조달방법을 논의하였

다. 마침내 그들은 권총 한 자루와 탄환, 그리고 폭탄 두 개 등을 전달받기로 약속하였다. 2월 27일 오후 4시, 남강 길림가 4호 마기원馬技遠 집 문 앞의 붉은 천을 암호로 하여, 무기가 든 과일 상자를 전달한다는 것이 그 내용이었다. 거사를 며칠 앞둔 2월 22일, 남자현은 도외구도가 무송도사진관에서 최후의 기념사진을 찍었다. 그리고 다음날 오전 10시에 거사장소를 확인한 뒤, 노파로 변장하고 무기와 폭탄 운반에 나섰다. 그러나 밀정의 밀고로 거사 직전인 2월 27일, 하얼빈에서 일제 경찰에 체포되고 말았다.

이 거사에 함께했다고 알려진 인물 가운데 경북 영덕 출신의 박의연朴義然, 이명 朴健과 울진의 이규동李圭東 1889~1950, 이명 貫一·李寬一에 주목할 필요가 있다. 박의연은 동생 박의열·박의훈과 함께 1912년에 통화현으로 망명하여 1930년대까지 투쟁을 이어갔다. 1914년에 하서구下西溝에서 남흥학교南興學校를 설립하고 교장에 취임하였으며, 부민단에 이어 한족회 결성에도 참여한 인물로 알려져 있다. 이규동은 울진 출신(당시 강원도)이다. 충남 보령 사람으로 알려져 있지만, 이는 해방 뒤 충청도에 정착하였기 때문이다. 망명 전까지 경북 울진에서 살았다. 그는 1908년 신민회에 가입하여 울진에서 주진수朱鎭洙·황만영黃晩英과 함께 구국계몽운동을 전개하였으며, 만주로 망명하여 신흥무관학교를 졸업하였다. 1926년에는 정의부 순행행정위원으로 활동하였고, 1927년 4월 정의부 대표의 한 사람으로 민족유일당운동에 참여하였다. 1927년 12월 오동진 피체 후 정의부 중앙행정위원 및 산업부 위원으로 활동하였다. 1933년 남자현에게 숙식 등 편의를 제공하면서 무토 노부요시 처단을 위하여 하얼빈에서 폭탄을 운반하려다가, 거사 전 남자현이 일경에게 피체되어 실행하지 못하였다.

남자현과 함께 무토 노부요시 처단 의거를 전개했다고 알려진 인물 두 사람은 경북 지역 인사로 신흥무관학교와 한족회, 정의부 등과 관련이 있는 인물이다. 이들은 당시 모두 취원창聚源昶을 근거지로 활동하던 인물이다. 이러한 관점에서 1933년 남자현의 전권대사 처단 의거는 취원창을 중심으로 한 경북 지역 인사들이 함께 추진한 의열투쟁으로 보아야 할 것이다.

이 무렵 취원창에는 만주 망명 뒤 독립운동을 펼쳐 온

취원창 입구가 있던 곳
현 중국 흑룡강성 하얼빈시 도외구 거원진 거원촌 소재.

경북인들이 많았다. 경신참변庚申慘變 이후 경북인들은
북만주로 이주하여 아성현 취원창에 농장을 개척하고 독
립운동을 이어갔다. 1934년 당시 취원창은 3백 호가 넘는
큰 마을이었으며, 한인들도 1백여 집이나 있었다. 마을

동쪽으로는 송화강의 지류인 비극도강蜚克圖江이 흐르고 있어서 수전을 개발하기 좋았던 덕분에 광복 직전에는 우리 동포가 2백 호까지 늘어났다.

그때를 기억하는 생존자들의 증언에 따르면, 취원창을 꾸려 나가는 데는 경북 영덕 출신 박의연 삼형제와 그들의 일가 되는 박주정, 안동군이 고향인 김정식과 월송 김형식 등이 중심이 되었던 것으로 보인다. 안동 출신인 이광민 부자와 그의 종숙 이승화, 고성이씨 이정인 일가, 전주류씨 류동범 형제, 고령 출신으로 수전 개간 전문가인 김우기 등도 살고 있었다. 남자현 또한 취원창에 근거지를 두고 활동했을 가능성이 크다.

15. 옥중 단식으로 마지막 불꽃을 태우다

  체포된 남자현은 하얼빈 주재 일본 총영사관 감옥에서
여섯 달 동안 가혹한 고문에 시달렸다. 당시 일본 총영사
관 지하에는 감방이 설치되어 있었다. 규모는 500㎡나 되
었고, 1백여 명까지 수감할 수 있었다. 독감방도 11개나
되었다. 수많은 독립운동의 거목들이 이곳에서 고초를 겪
었다. 일송 김동삼을 비롯하여 정의부 군사위원장 오동진
등도 이곳에 투옥되었다.
  그 지하실 감방에는 30㎡나 되는 고문실이 따로 있었

하얼빈 일본 총영사관 건물(후기)
2001년 총영사관 건물을 헐고 재건하였다. 현재 화원소학교이다.
중국 흑룡강성 하얼빈시 화원가 소재.

다. 이곳에서 갖가지 고문이 이루어졌다. 사람을 달아매
고 사정없이 매질을 하거나, 입에 고춧물을 쏟아 넣거나,
인두를 달구어 살을 지지기도 하였다. 손톱에 바늘을 박
아 넣기도 하고, 끓는 물을 온몸에 붓기도 하였다. 촛불

로 살을 태우거나, 못 판에 앉히는 등 입에 올리기 어려운 갖가지 고문이 가해졌다. 끝내 굴복하지 않다가 목숨을 잃은 이도 있었고, 죽지 않는다 하더라도 거의 초죽음이 되어 감방으로 돌아왔다. 당시 감방 한쪽 구석에 놓여 있던 담요는 늘 검붉은 피에 젖어 있을 정도였다고 한다.

남자현이 체포된 지 약 3개월 보름 만인 1933년 6월 11일, 《조선일보》에 〈망부亡夫의 설원雪冤하고저 무등전권武藤全權 암살 미수-20년 간 ○○운동에 종사한 61세 노파 남자현〉이라는 제목으로 기사 하나가 실렸다. 기사 게재를 금지해 오던 일제가 남자현의 무토 암살 의거 보도를 허락한 것이다.

자기 남편의 원수를 갚기 위하여 몸에 폭탄을 품고 무등전권을 암살하고자 하다가 바로 결행 예정 전날인 지난 2월 29일에 하얼빈 영사관 경찰에 붙들린 금년 61세의 노파 남자현에 관한 암살미수 사건은 그동안 기사 게재 금지 중이던바, 지난 7일에 해금되었다. 남자현이란 노파는 지금으로부터 20여 년 전에 ✕✕운동자인 자기 남편이 일본인의 손에 죽은 것에 한을 품고, 원수를 갚는다고 하여 여자의 몸으로 전후 20년 동안을 두고 조선과 만주를 걸쳐 드나들며 ××운동에 종사하던 중, 소화 2년(1927년-필자 주) 4월에는 경성에서 재등 총독을 암살하고자 하다가 뜻을 이루지 못하고, 그 후에 만주로 건너가 하얼빈을 근거로 하고 활동 중에 금년 봄에는 무등전권의 암살을 계획하고 폭탄과 권총을 손에 넣게 된 후, 죽은 남편의 의복을 몸에 갖고, 단신으로 신경新京(지금의 중국 길림성 창춘시-필자 주)에 잠입하여 3월 초하룻날을 기하여 무등전권을 암살하고자 지난 29일에 하얼빈을 출발하려고 하는 즈음에 하얼빈 영사관 경찰의 손에 붙들리게 된 것이라고 한다.

이 기사는 남자현이 옥중에 있을 때 보도된 것으로, 사후 기록이 아니라 그가 살아 있을 때의 보도라는 점에서 그 의의가 크다. 더욱이 이 기사에는 남자현의 인식과 활동 사항이 간략하게 담겨 있다. 그의 독립운동이 남편의 원수를 갚기 위함이었다는 것, 여자의 몸으로 국내와 만주를 넘나들며 20년 동안 독립운동을 펼쳤다는 것, 1927년 4월 사이토 총독 암살을 위해 국내로 잠입했다는 것,

【哈爾賓】자긔남편의 원수를 갑기위하야 몸에 폭탄을품고
무등전권(武藤全權)을 암살하고저하다가 바로검거할예정일
의전날인 지난一월이십구일에 함이빈영사관경찰에 부들닌 금
년륙십한살나는 로파남자현(南慈賢)에관한 암살미수사건은
그동안기사게재금지중이든바 지난칠일에 해금되엿다
남자현이란로파는 지금으로부터 이십여년전에 ××운동자인
자긔남편이 일본인의손에 죽은것에 한을품고 원수를갑는다
고하야 녀자의몸으로 전후二십년동안을 두고 조선과만주를
걸쳐드나들며 ××운동에 종사하든동 소화이년사월에는 경
성에서제등(齋藤)총독을 암살코저하다 뜻을일우지못하고
그후에 만주로건너가 함이빈을근거리로하고 활동중에 금년봄
에는 무등전권의 암살을게획하고 폭탄과권총을손에넛케되여
죽은남편의의복을입하야 무등전권을암살코저 지난이십구일
에 함이빈을출발코저 활동중에 함이빈영사 경찰의손에 붓들니
게된것이라고한다

⟨亡夫의 雪冤하고저 武藤全權 암살미수⟩
《조선일보》 1933년 6월 11일자.

이후 하얼빈을 중심으로 활동하다가 무토 노부요시 암살을 계획하고 폭탄과 권총을 입수했다는 것, 의거 당시 남편의 죽은 의복을 몸에 지니고 단신으로 움직였다는 것이다. 그의 항일투쟁은 시작부터 끝까지 남편의 대의大義와

함께했으며, 이 같은 의열투쟁적 면모가 의義에 바탕을 둔 것임이 명백하게 드러난다. 다만 한 가지 주목할 점은 "폭탄과 권총을 입수했다."는 사실로 말미암아 단독 의거라고 보기 어렵다는 점이다. 이는 남자현의 혹독한 고문을 견디며, 끝내 동지를 발설하지 않은 것일 가능성에 무게가 실린다.

하얼빈 일본총영사관 지하 감옥에서 온갖 고초를 겪던 남자현은 이렇게 욕되게 사느니 차라리 죽음으로 항거하자는 결단을 내렸다. 그의 선택은 단식투쟁이었다. 남자현의 단식 일자는 자료마다 다르다. 무려 17일을 단식했다는 자료도 보인다.

남자현은 음식을 끊은 지 9일 만에 병보석으로 풀려났다. 감옥을 나온 남자현은 한 여관에서 아들과 여러 동지들의 간호를 받았다. 가혹한 고문과 단식으로 인해 그의 몸 상태는 최악이었다. 끝내 마지막 순간이 다가왔고, 그는 몇 가지 유언을 남겼다. 하나는 조선이 독립되는 날 자신의 돈 2백 원을 독립축하금으로 바치라는 것이었고, 또 하나는 손자를 교육시켜 내 뜻을 알게 하라는 유언이었다. 남자현의 최후를 기록한 당시 신문에는 다음과 같이

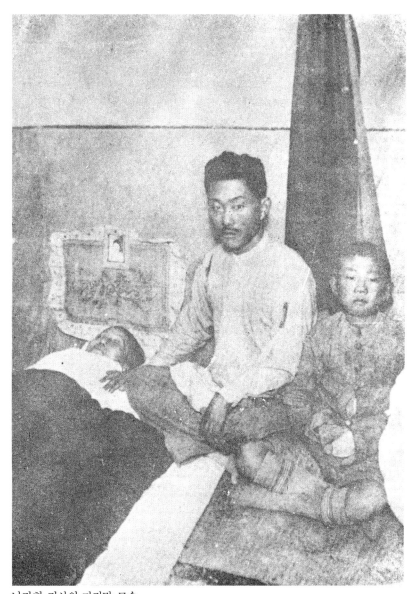

남자현 지사의 마지막 모습
아들 김성삼과 손자 김시련이 임종을 지키고 있다.
《독립혈사》제2권, 1950, 285쪽.

보도되었다.

> "이미 죽기를 각오한 바이니까……." 단지斷指한
> 손을 기운 없이 내어놓으면서 "이것(단지한 손가락)
> 이나 찾아야지……." 기운이 없어 말하지 못하고 혼
> 수상태에 들어갔다.
>
> (《조선중앙일보》 1933년 8월 26일자)

그가 손가락 마디를 잘라 혈서를 썼다는 사실은 이 마
지막 말에서도 확인할 수 있다. 그리고 "독립은 정신으로
이루어진다."는 마지막 말을 남겼다고 전한다. 혼수상태
로 풀려난 지 닷새 만인 1933년 8월 22일, 그는 만 60세
로 순국하였다.

장례는 바로 다음날 오후에 진행되었다. 8월 23일 오
후, 유지 30여 명이 모인 가운데 조선여관에서 영결식이
치러졌고, 마가구 공동묘지에 안장되었다. 하루 만에 치
러진 장례였다. 5일 뒤 〈무토 노부요시 모살범武藤全權謀
殺犯〉이라는 제목 아래 그의 순국 사실이 국내 언론에도
보도되었다.

남자현 별세 기사
《조선중앙일보》 1933년 8월 27일자.

    만주를 유일한 무대로 조선○○운동에 종사하던
남자현(여자)은 당지 감옥에 구금중이든바, 단식 9
일 만인 지난 17일에 보석 출옥하였는데, 연일 단식
을 계속한 결과 22일 상오(하오) 12시 반경에 당지
조선려관에서 영면하였다.

(《조선중앙일보》 1933년 8월 27일자)

16. 그를 기리고 기억한 역사

　어려운 여건 속에서도 남자현을 기리는 작업이 이루어졌다. 50일 뒤인 1933년 10월 12일 오후, 하얼빈의 외국인 공동묘지에 묻힌 남자현 묘 앞에 비석이 세워졌다. 하얼빈시 남강구南崗區 동대직가東大直街 1호, 남강南崗 러시아공동묘지 서쪽 한인묘역이 그곳이다.

　순국 1주기에는 당시 교하蛟河에 거주하던 아들 김성삼의 집에서 추도회가 열렸다. 이와 관련하여 국내 신문은 다음과 같이 보도하였다.

〈남자현여사 1주기 추도식〉
《동아일보》 1934년 9월 5일자.

　　도만 십여 년래 쓰러져가는 조선민족사회를 위하여 일향분투해 오던 고 남자현 여사는 작년 가을 하르빈 감옥에서 나오자마자 옥중고초의 여독으로 마침내 세상을 떠난바 지난 8월 22일은 동 여사의 1주기이므로 현재 교하蛟河에 거주하는 동 여사의 아들 김성삼金星三 씨 자택에서 1주년 추도회를 거행하였다 한다.

(《동아일보》 1934년 9월 5일자)

남자현을 기리는 작업은 해방 뒤 한국여성단체에서 이어 갔다. 1946년 8월 22일, 독립촉성애국부인회가 추념회를 개최하였다. '13년 전, 17일 단식으로 옥사한 남자현 여사를 추념한다'는 기치 아래 인사동 승동예배당에서 모임이 열렸다.

남자현은 여성운동사에서 상징적인 인물로 평가받기에 충분하였다. 남자현은 전통적인 규범 속에서 성장한 '구여성'이었다. 그러나 당당히 그 껍질을 벗고, 46세의 나이에 외아들을 데리고 만주로 망명

光復運動에 殉節한 南慈賢女史追悼會

三八 이북 해주(海州)에서 조선광복을 위하야 열열히 싸우다가 옥중에서 十七일간 단식절명한 故남자현(南慈賢) 선생의 추모회를 二十二일 오후二시 시내인사정 승동(勝洞)예배당에서 독립촉성애국부인회 주최로 거행하기로 되었으므로 일반사회단체의 단성참가를 바란다 고한다

〈추도회〉

《한성일보》 1946년 8월 21일자.

하였다. 그 뒤 14년 동안 만주에서 조국 광복에 헌신하였다. 그는 독립운동사에서 보기 드문 열혈투쟁가였다.

그의 고향인 경상북도 영양군에서도 남자현을 기리는 일이 추진되었다. 삼의사 기념사업이 추진되면서, 남자현

영양삼의사비
중앙의 기념비가 남자현 지사의 것이다.

지사 현창사업도 진행된 것이다. 1954년 삼의열사기념사
업회三義烈士紀念事業會에서 영양의 세 의사를 기리는 삼
의각三義閣을 건립하였다. 삼의사란 김도현과 엄순봉, 남
자현을 이른다. 6·25 전쟁을 겪고 힘든 상황이었음에도
그 뜻을 기리려는 영양 사람들의 마음 씀씀이를 알 수 있
는 대목이다. 이어 1977년 이들의 행적을 기록하기 위해
삼의사비三義士碑를 세웠다. 이때 남자현지사기적비가 세

워졌다.

영양군은 1998년 지금의 영양군민회관 앞으로 비를 옮겨 다시 세웠다. 비에 담긴 그 행적 내용이 미흡하고, 장소도 군민회관 앞으로 옮겨야 한다는 주민들의 여론이 있었기 때문이다. 이어서 1999년 11월, 남자현 지사의 생가를 복원하였다. 위치는 영양군 석보면 지경리 394번지 일원이다. 원래 생가지가 있었던 396-6번지 바로 옆이다. 본

남자현지사항일순국비

남자현 지사 묘비

현 하얼빈 문화공원 자리에 있었으나 1958년 없어졌다.
《독립혈사》 제2권, 1950, 287쪽.

남자현의 묘소지가 있던 곳
현재 하얼빈 문화공원으로 바뀌었다.
하얼빈시 남강구 남통대가 208호.

채·문간채·추모각 등의 건물과 기념비를 세웠다. 8년 뒤
인 1962년, 남자현에게 건국훈장 대통령장이 추서되었다.

그 뒤 36년의 세월이 흐른 1998년 여름, 남자현의 손자
김시련이 하얼빈을 찾았다. 할머니의 묘지를 찾기 위해서
였다. 그의 손에는 아버지 김성삼이 남자현의 묘지 앞에
서 동지들과 함께 찍은 기념사진 한 장이 들려 있었다.

그러나 안타깝게도 하얼빈에서 남자현의 흔적은 찾을
길이 없다. 그가 갇혔던 총영사관 지하 감옥은 새 건물로

복원된 남자현 지사 생가 전경
경상북도 영양군 석보면 지경리 394번지 소재.
ⓒ 독립기념관

바뀌었고, 묘지도 이미 40년 전에 사라지고 없었다. 1958
년 하얼빈시 도시건설 '대약진' 때 시내에 있던 중국인과
외국인 묘지가 모두 황산皇山 공원묘지로 옮겨 가면서 한

국인 묘지 또한 없어졌던 것이다. 이때 남자현의 묘는 '주인 없는 묘'가 되어 평지로 만들어졌다고 전한다. 김시련은 이곳에서 한국인 묘역을 돌보던 9명의 할머니를 만났다. 김시련은 그들에게 "할머니의 묘지는 찾을 수 없지만 할머니가 싸우다 세상을 뜬 하얼빈을 보고 가는 것만으로 만족합니다."라는 말을 남기고 고국으로 돌아왔다.

17. 한국 근대의 여걸! 남자현

남자현은 경북 영양에서 태어나 일찍부터 유학의 영향 아래 성장하였다. 이러한 학문적 배경에서 성장한 남자현은 여느 양반가의 여인들처럼 시어머니를 봉양하고, 유복자 아들을 기르며, 전통적인 여성이 갖추어야 할 부덕을 실천하는 전형적인 여성이었다. 그러나 한편으로는 의병 지원 활동을 시작으로 구국운동에 참여하였다.

시어머니가 세상을 떠나자 남자현은 1917년 김성삼을 보내 한차례 만주를 답사하고 만주 망명을 준비하였다.

이미 친인척들이 대거 만주로 망명해 있었고, 이는 만주 망명의 중요한 배경의 한 요인으로 작용하였다. 1919년 3·1운동이 일어나자 만주 망명 계획을 실행에 옮겼다. 남자현의 만주 망명 경로는 이운형을 비롯한 기독교 인사들 및 이원일 등 만주에서 활약하고 있던 경북 인사들과 연계된 것으로 보인다.

만주 망명 뒤 남자현의 활동 또한 안동을 중심으로 한 경북 지역 인사들의 활동과 큰 틀에서 흐름을 같이한다. 남자현은 1919년부터 1922년까지 서로군정서를 중심으로 활동하였다. 이 무렵 활동 공간도 유하·통화·액목·화전 등 서로군정서 중심부였다. 1922년 8월 통의부가 조직된 뒤로는 통의부에서 활약하였다. 채찬과 함께 군자금 모집활동을 펼치기도 하고, 교육활동을 전개하기도 하였다. 이어 통의부가 정의부로 계승되자 남자현은 정의부에서 활약하였다. 남자현의 정의부 활동은 교육활동, 독립운동가 후원, 무장활동을 중심으로 전개되었다. 1927년 '길림 대검거사건'으로 구금된 독립운동가 구명활동이나, 사이토 총독 암살을 위한 국내 잠입, 일송 김동삼 구출 작전 등은 모두 같은 맥락에서 이해되어야 할 것이다.

남자현의 1920년대 활동이 주로 서로군정서-통의부-정의부 차원에서 이루어진 것이라면, 1932년 단지혈서 전달 시도는 외교 활동 차원의 단독 의거로 보인다. 이는 일제의 '만주국' 수립 시점에서 나온 자구책이었다. 이어 남자현은 박의연·이규동 같은 경북 인사들과 함께 1933년 전권대사 처단 의거를 시도하였다. 이 의거로 체포된 남자현은 마지막으로 단식을 감행하였다.

남자현의 삶과 투쟁은 유학적 대의정신에서 출발한 것이었다. 특히 그가 끝까지 무장활동의 방략을 놓지 않았던 것은 남편과 아버지를 통해 경험한 사생취의捨生取義의 정신에 큰 영향을 받았음을 의미한다. 이를 바탕으로 남자현은 시기에 따라 다양한 투쟁방법을 구사하였다. 그러나 표면적인 방법만 다를 뿐, 단지를 통한 독립청원이나 마지막 단식은 모두 같은 맥락에서 이해되어야 할 것이다. 남자현이 무장투쟁과 더불어 중요하게 여긴 활동은 교육을 통한 여성 계몽이었다. 이는 그가 마지막 순간에 남긴 "독립은 정신이다.", "손자를 교육시켜라."라는 유언에서도 드러난다. 교육이 바로 정신의 근간을 이루고 있다고 여긴 까닭이었다.

獨立軍의 어머니

建國功勞勳章받은 南慈賢여사

「독립군(獨立軍) 씨에게 출가하였으요, 지난 三·一절에 전국 행동과의 단한분 여성이 독립투쟁한

그녀는 의 一八九五년 「민비」의 변 一八七五년 경북 영양 (慶北英陽)에서「통정대부 (通政大夫) 씨의 마님으로태어났 다. 어릴때부터 집에서 한 학 (漢學) 을배워「대학」 「소학」 에 통달한 여사 는 十九세때 김영주 (金

…가 서로군정서 (西路軍政 라고불린남 편나자 三덕독자인 유복자 자현 (南慈 낳았다。 (남편 김씨는 一 섯이고, 「북만주」 일대 열 두곳에 교회를세우고 「여 하여 의병 (義兵) 을 일 하여 과감히 친일내각성립에 반발 요, 남편의 세상을 뜸) 에서 학약하는 한편 「조선독립원」 (圓) 이란 이죽자고 단식투쟁에들어

(南廷) 과 유복자를 잘길러 는 지면, 남정한 낳았다。 부표창을받은일도있다。 그 려나 여사가지닌 큰민족 혼은 마침내 국외에서득 립투쟁생활을결심, 기미년 「상해」 에 몽달한 여사 三월九일 「만주」로 건너

으렀다, 왜병에게 전 것은 최초의여성이다。 하였음) 그후 흉시어머님 효 몇 뜻있는분과합심 한것 낳아려 규합시키는데 성 공하였다。

一九三二년九월「국제 일 「할빈」에서 왜경에 게 체포, 부윽후 六개월 라고, 써어있다고한다。

一九三三년 二월二十七 일에되었는데 비문 (碑文) 장에되었는데 비문 (碑文) 「조선인판」으로 옮겨온 현서 「六·十二세를일기로 세 이떠났다。 여사는 거류 민장윤지뿐 「할빈」에있는 남강 (南崗) 의 인묘지에안

명지 두마디를 칼로끊어 「조선독립원」 (血) 이란 혈서를 떡포에쓰고 손가락 두마디도 거기다 합께싸서 이 「조선민회」로 호송 십자병원에 입

그곳에서 장사를하던 유를때 복자「성삼」 씨가 신상치 마다 않은 예감에 길팀 (吉 손가 (林) 으로 달려왔을 때는 탁을 어미젓어 그해八월二十一 일 독립군의 집합소갈은

이럭저럭 러만족 첫머리엔 한인이 「여사는 한인이 상을떠났다。 일장을닸 뿐 (사진은「남자현」여사)

〈독립군의 어머니 남자현지사〉

《조선일보》1962년 7월 31일자.

만주라는 공간에서 여성으로서 무장활동을 전개하는 것은 쉽지 않았을 것이다. 특히 정의부에서 여성이 간부가 되어 '이름'이 기록된 예는 극히 드물다. 1919년 만주로 망명하여 꾸준한 활동을 전개했지만 실제로 남자현의 이름이 처음으로 등장하는 시기는 1927년이다. 조선혁명자후원회 발기인에 그의 이름이 오르기 시작하여, 1927년 혁명자후원회 조직이 완성되어 중앙위원의 직책을 맡으면서 그 이름이 무대로 나오기 시작했다. 이는 정의부에서 활약했던 다른 여성들 역시 마찬가지였을 것이다.

이러한 상황에서 남자현이 만주에서 활동 의지를 꺾지 않고, 남성들과 어깨 겨누며 자신의 길을 꿋꿋이 열어간 데는 기독교의 영향이 컸던 것으로 보인다. 유학 경전을 읽으며 성장한 남자현은 경북 지역 당대 남성들의 대의적 관점에서 세상을 바라보기도 했지만, 한편으로는 기독교를 수용하면서 근대 여성으로 나아갔던 것이다. 이는 같이 군자금 모집활동을 전개한 통의부 중대장 채찬이 참의부를 조직할 때 함께하지 않았던 이유이기도 하다. 그는 채찬과 달리 복벽주의를 고수하기보다는 공화주의를 지향하였다. 이는 참의부가 아닌 정의

남자현 묘지(국립 대전현충원)

부를 선택한 주요한 요인으로 작용했을 것이다. 특히 정의부에는 손정도·오동진 등 기독교 인사들이 상당히 많았다. 정의부의 한 인사는 〈당적 생활의 몇몇 필수조건〉이라는 글에서 독실한 신앙을 가질 것을 권하기도 하였다. 이러한 측면에서 남자현의 기독 신앙은 여성 교육활동을 펼칠 수 있는 중요한 인적 기반으로 작용하였다.

남자현의 이러한 활동은 1919년 3·1운동 이후 민족주의 계열의 여성들 가운데 단연 두드러진다. 1920년대 만주에서 활약했던 여성들 가운데 독립유공자로 포상된 인물들을 살펴보면, 남성들을 내조하거나 남편과 함께 활동한 여성들이 대부분이다. 이러한 측면에서 시대의 틀을 넘어선 남자현의 행보는 독립운동사를 넘어 한국 근대사에서 독특한 위치를 차지한다고 할 수 있다. 남자현이 '한국 근대의 여걸'인 이유는 바로 여기에 있다.

남자현 지사 연보

1872년	1세 12월(음)	영양군에서 출생 아버지 남정한, 어머니 진성이씨
1886년	14세	사서를 독파하고 한시를 지었다고 전함
1891년	19세	김영주(김상주·김병주)와 혼인
1896년	23세 7월 11일	의병전쟁에서 남편 전사(진보군 진보면 흥구동 전투)
	12월	영양군 수비면 계동에서 유복자 김성삼 출생
1907년	33세	아버지 남정한의 의병활동을 지원
1915년	41세	시어머니 별세
1917년	44세	아들 김성삼을 만주로 보내 답사
1919년	46세 2월	고향 영양을 떠남

			서울에서 3·1독립만세운동 참여
			만주 망명, 서로군정서에서 활동
1921년	48세		길림성 액목현 나인구에서 교육회 조직, 각지에서 교육활동
1922년	49세		통의부 중대장 채찬의 지령을 받고 군자금 모집활동 전개
1923년	50세		환인에서 여자권학회 조직
1924년	51세		정의부 조직에 참여한 것으로 추정
1925년	52세		액목에서 부녀자 교육활동 전개
1926년	53세	12월	조선혁명자후원회 발기인으로 참석
1927년	54세	2월	길림사건 구금자 구명운동에 앞장섬
		4월	사이토 총독 암살을 위해 서울로 들어옴
		12월	조선혁명자후원회 중앙위원회 선임
1928년	56세		길림여자교육회 부흥회 사회
1931년	59세	10월	김동삼이 체포되어 하얼빈 주재 총영사관에 갇히자 구출작전을 펼침
1932년	60세	9월	국제연맹조사단(단장 리튼)에 혈서 전달
1933년	61세	2월	일본전권대사 무토 처단 의거로 체포
		8월	가혹한 고문에 시달리다 단식투쟁
			병보석으로 석방되었으나 곧 순국
			하얼빈 한국인묘지에 안장

참고문헌

자료

《가정신문》 1946년 8월 21일자.

《경향신문》 1949년 3월 30일자, 2005년 4월 11일자.

《국민보》 1959년 5월 20·27일자.

《동아일보》 1927년 12월 10일자; 1934년 9월 5일자; 1946년 3월 3일·8월 21일자.

《신한민보》 1928년 3월 15일자; 1934년 4월 12일자.

《조선일보》 1933년 6월 11일자; 1946년 8월 21일자; 1958년 11월 16일자; 1962년 7월 31일자.

《조선중앙일보》 1933년 8월 26·27·31일자; 9월 13일자; 10월 18일자.

《한성일보》 1946년 8월 21일자.

〈朝鮮革命者後援會ノ發起ニ關スル件〉, 1927년 2월 14일.

《진광》 창간호(중문), 1934년 1월(중국 항주 발행).

《부흥》 제2권 2호, 1948년 3월; 8호, 1948년 12월.

김성삼(김영달), 〈나의 生涯〉, 1975.

영양군, 《영양군지》

영양군, 《여성독립운동가 남자현지사 기념관 기본계획》, 경상북도독립운동기념관, 2016.

단행본

경상북도독립운동기념관, 《의병장 내산 이현규》, 광복회영양분회, 2014.

강윤정, 《사적史跡에서 만나는 안동독립운동》, 지식산업사, 2013.

강윤정, 《시대를 뛰어넘은 평민의병장 신돌석》, 독립기념관, 2016.

강윤정 외, 《역사의 길을 묻다—사회정의 멘토 33인》, 대구경북연구원, 2013.

강윤정·박희택 외, 《이야기로 만나는 경북여성》, 경북여성정책개발원, 2011.

김병희 편역, 《경북교회사》, 코람데오, 2004.

김서령, 《장계향, 깨달은 조선여인》, 경상북도·경북여성정책개발원, 2009.

김중생, 《북만주 반일운동근거지 취원창》, 명지출판사, 1990

김희곤, 《안동사람들이 만주에서 펼친 항일투쟁》, 지식산업사, 2011.

김희곤 외, 《청송의 독립운동사》, 청송군, 2004.

김희곤 외, 《영양의 독립운동사》, 영양문화원, 2006.

독립운동사편찬위원회, 《독립운동사자료집》 10, 1983.

박영랑 편저, 《독립혈사》 2, 서울문화정보사, 1950.

박용옥, 《한국독립운동의 역사》 31 - 여성운동, 독립기념관, 2009.

서명훈, 《할빈시 조선민족 백년사화》, 민족출판사, 2007.

서중석, 《신흥무관학교와 명망자들》, 역사비평사, 2001.

안귀남 외, 《영남을 알면 한국사가 보인다》, 푸른역사, 2005.

이덕주, 《한국교회 처음 여성들》, 기독교문사, 1990.

이상국, 《남자현 평전 - 나는 조선의 총구다》, 세창미디어, 2018.

이수영 지음·이문열 엮음, 《좌해유고》, 뿌리문화연구회, 1996

이인숙·이덕화, 《백광일기》, 한국장로교출판사, 2006.

이해동, 《만주생활 77년》, 명지출판사, 2001.

임해리, 《누가 나를 조선 여인이라 부르는가》, 가람기획, 2007.

정옥빈, 《어머니가 걸어온 길》, 흑룡강조선민족출판사, 2011.

정운현, 《조선의 딸, 총을 들다》, 인문서원, 2016.

지복영 지음·이준식 정리, 《민들레의 비상 - 여성한국광복군 지복영 회고록》, 민족문제연구소, 2015.

채근식, 《무장독립운동비사》, 대한민국공보처, 1949.

채영국, 《한민족의 만주독립운동과 정의부》, 국학자료원, 2000.

한겨레신문사, 《발굴 한국현대인물》 2, 1991.

허은 구술·변창애 기록, 《아직도 내 귀엔 서간도 바람소리가》, 민족문제연구소, 2010.

논문

강윤정, 〈신흥무관학교와 안동인〉, 《한국학논총》 49, 국민대학
  교 한국학연구소, 2018.

강윤정, 〈여성독립운동가 남자현의 항일투쟁〉, 《한국독립운동
  사연구》 제64집, 독립기념관 한국독립운동사연구소, 2018.

강윤정, 〈만주망명 여성들의 활동과 항일투쟁사적 의의-1910
  년대 경북여성들을 중심으로-〉, 《여성독립운동가발굴학술
  심포지엄자료집》, 대한민국역사문화원, 2018.

김춘희, 〈장계향의 여중군자상과 군자교육관에 관한 연구〉, 계
  명대학교 박사학위논문, 2011.

박영석, 〈남자현의 민족독립운동-중국 동북지역에서의 활동
  을 중심으로〉, 《한국학연구》 2, 숙명여자대학교 한국학연구
  소, 1992.

박용옥, 〈윤희순 의사와 남자현 여사의 항일독립투쟁〉, 《의암
  학연구》 6, 의암학회, 2008.

박영석, 〈여성독립운동가 남자현의 민족독립운동〉, 《만주지역
  한인사회와 항일독립운동》, 국학자료원, 2010.

박 환, 〈만주지역 여성독립운동가 남자현〉, 《2013 경북 여성
  인물 재조명 심포지엄 자료집》, 경북여성정책개발원, 2013.

박 환, 〈정의부 기관지 《戰友》의 간행과 내용〉, 《한국민족운
  동사연구》 83, 한국민족운동사학회, 2015.

金英達(金星三), 〈나의 生涯〉

一九七五年 二月

증손자 김종식 제공

나는 이제 八十고개를 맞이하게 되었다. 八十고개에 서
서 그 동안 내가 걸어온 한 평생을 되돌아보자니 실로 感
慨無量하다.

우리의 祖國인 韓半島는 勿論이거니와 倭帝의 壓迫에
못 이겨 우리 겨레가 第二의 故鄕으로 살았던 滿洲 땅을
나는 不屈의 勇力과 不退轉의 信念으로 누비면서 祖國의
光復과 民族의 自由를 爭取하기 위해 내 한 生涯를 보냈다.

그러나 지금 나는 祖國光復의 一念에 살던 지난날의 足跡조차 記憶할 수 없을 만큼 어느새 精神力은 衰殘하였고, 띄엄띄엄이라도 내 生涯를 口述하는 것조차 如意치 않게 몸이 늙어 버렸다.

나는 남보다도 유별나게 苦生하였다. 그것은 내가 일찍이 "나라"라는 것이 얼마나 所重한 것인가를 깨닫게 되었고, 세상에서 가장 所重한 내 나라를 위해 내가 유감없이 싸우고 일 할 수 있어야 한다는 信念을 마음속 깊이 간직하였던 때문이 아닐 수 없다. 나는 지금에 와서도, 내가 남보다 더 苦生하였다는 事實을 참으로 자랑스럽고 떳떳하게 여기고 있다. 내 自身이나 내 집안은 언제나 먼저 나라를 구해 놓아야 우리가 마음 놓고 살 수 있다는 확고한 믿음을 가지고 있었다.

이제 昏迷한 記憶 속에 남아 있는 몇 가지 이야기만이라도 남기고자 한다.

나는 一八九六年(丙申) 十二月 初六日 慶尙北道 英陽郡 首比面 桂洞에서 父 金永周 母 南慈賢의 三代獨子로 출생하였다.

내가 出生할 무렵은 나라 안의 情勢가 慘憺하기 이를

데 없었다. 淸日戰爭에서 이긴 日本이 우리나라에 强力하게 進出하다가 露國의 勢力에 막혀 버리자 우리나라에서는 閔妃를 中心으로 한 親露派가 親日勢力을 몰아내고 得勢하게 되었다. 그러자 日本은 親露派를 축출하고 親日勢力을 다시 扶植할 속셈으로 乙未事變을 일으켰다.

乙未事變에 依하여 다시 親日內閣이 組織되고 친일 내각은 甲午更張의 線에 따라 더욱 急進的인 改革을 推進하였다. 이 같은 日本 壓制下에서의 急進的 改革政策은 가뜩이나 國母(閔妃) 被殺에 분격한 人心을 더욱 자극하여 "목을 끊을지언정 머리털은 자르지 못하겠다."는 强硬한 反對에 부딪히고 마침내는 各地에서 義兵이 일어나 武力으로 抗爭하였다.

國民의 對日感情이 極端으로 惡化하고 各地에서 義兵이 일어나 全國이 소란해지자 親露派에서는 露國公使와 共謀하여 國王을 宮으로부터 露國公使館으로 데려갔다. 이것이 俄館播遷으로 이로써 親日內閣이 무너지고 親露內閣이 成立하게 되었다.

乙未事變이 일어난 것이 一八九五年이요 俄館播遷이 있은 것이 一八九六年의 일이었다.

그러니 政局이 이처럼 日本과 露國의 侵略行爲로 因하여 곤두박질을 할 무렵에 내가 世上에 태어난 것이다. 그리고 내가 三代獨子로 태어난 것도 家親(金永周)께서 日本의 侵略行爲에 抗拒하여 義兵으로 싸우시다가 殉國하셨기 때문이었으니, 나는 실로 이 세상에 태어날 때부터 祖國의 受難을 運命처럼 同伴하였고 崎嶇한 八字를 宿命처럼 타고났다 하겠다.

　나는 어려서부터 뚝뚝하고 겁이 없고 남에게 지기 싫어하는 성격이었다고 한다. 이러한 성격은 그 후 一生을 通해 變함이 없었으며, 그리하여 나의 生涯는 남보다 더욱 波瀾萬丈한 것이 되지 않았나 생각되는 것이다.

　나의 母親께서는 어린 나를 데리고 外祖父 슬하에서 여러 해 동안을 사셨다. 나의 外祖父께서는 매우 嚴格하셨던 분으로 子息들에게뿐 아니라 마을 靑年들에게 글을 가르치시는 한편 愛國思想을 確固하게 불어넣고 日本의 侵略行爲에 對해 各別한 일깨움과 救國精神을 注入시키셨다 한다.

　나의 家親께서는 義兵이 되시어 救國先鋒에 나서셨다가 散華하신 일도, 그리고 나의 母親인 南慈賢女史께서

나중에 滿洲로 가셔서 우리 同胞와 獨立軍을 도와 눈부
시게 活躍하시다가 一生을 마치신 것도 모두 外祖父의 敎
訓으로 影響받으신 바 컸다 해도 過言은 아닐 것이다. 어
디 그뿐이랴, 외조부 밑에서 修學한 수많은 靑年들이 全
國 各地로 흩어져 義兵이 되어 잘 싸웠다는 이야기를 수
도 없이 들었고 내가 滿洲에서 만난 獨立軍 가운데에도
外祖父 밑에서 工夫한 사람들이 여러 사람 있었다.

外祖父宅에서 少年 時節을 보낸 나는 特히 말타기를
좋아하여 즐겨서 말을 길렀으며, 外祖父宅을 떠나 우리
母子가 따로 살 때에는 말을 길러 生活을 꾸려 나가기도
하였다.

나는 나이 十八歲에 結婚하였는데, 낮에는 장사를 다
녀 生活의 方便을 삼았고 밤에는 册을 읽어 漢文과 國文
을 터득하였다.

아버지 없이 사는 우리 집안 살림이 비록 가난하고 세
상은 하루도 편할 날 없이 뒤숭숭하여도, 아니 그러면 그
럴수록 더욱 우리 食口들은 强健한 精神을 잃지 않으려
애를 썼다.

나라는 우리겨레의 한결같은 愛國抗爭과 憂國志士들의

끊임없는 救國活動에도 不拘하고 一九一0年 日本侵略者
들의 强權에 못 이겨 合邦이 되고 말았다.

그리하여 우리 祖國은 日本의 植民地가 되었고 우리
백성은 간악한 日本人들의 노예가 되어 우리의 生活은 慘
憺하기 이를 데 없었다.

一九一七年(丁巳年) 늦여름, 나의 慈親께서는 비장한
覺悟를 하시고 나에게 滿洲를 갈 것을 勸誘하셨다. 우리
집안의 親戚 몇몇 분이 이미 滿洲로 가서 살고 있었는데
그 親戚들을 찾아가라는 말씀이시었다.

나는 곧 故鄕을 떠나 서울로 올라왔다. 서울에 到着한
나는 그 當時 太平路에 자리 잡고 있던 김현수의 집에 묵
으며 滿洲로 갈 수 있는 方法을 摸索하였다.

數個月 동안 滯留하면서 機會를 기다렸으나 자신 있는
준비가 갖추어질 리 없었고 機會도 좀처럼 얻을 수가 없
었다. 주머니 속의 路資가 형편없이 不足하였다.

나는 地圖를 펴 놓고 내가 가야 할 길을 더듬어 보았
다. 까마득하기 이를데 없는 길이 아닐 수 없었다. 실을
가지고 地圖上의 거리를 재어 보았더니 서울→新義州→
奉天→通化縣까지는 二尺三寸이 되고, 서울→定州→朔州

→푸스거우→寬甸으로 가면 一尺一寸이었다.

궁리 끝에 가까운 길을 擇하기로 하고 南大門 停車場에 나가 定州票를 샀다. 마침내 汽車에 몸을 실은 二十三歲 靑年의 心中에는 萬感이 오갔다.

定州驛에 到着한 것이 戊午年 正月 十四日 上午 一時頃이었다. 낯설고 길선 나는 警官에게 旅館이 있는 곳을 물었다. 警官은 意外로 親切하게 直接 案內하여 주었다. 旅館에서 하루를 묵고 이튿날 宿泊費와 食代 一百四十0원 주고 나자 남은 路資가 겨우 五0元뿐이었다.

地圖를 꺼내 들고 도보로 龜城, 朔州를 거쳐 鴨綠江을 건너 푸스거우로 가니 中國의 漢文이 참으로 반가웠다. 이때 신발이 떨어져 모든 길을 맨발로 걸었다.

四十餘日만에 通化縣→궤자모자→을미→北泰子에 도착하여 나와 五寸이 되는 親族 金龍周氏를 처음으로 찾아갔다. 그 후 約 一年동안 그곳에 머물고 있으면서 金龍周氏의 조카인 金善宗氏로부터 新興武官學校에 관한 이야기를 들었다. 金善宗兄은 呂準先生이 우리나라의 獨立運動을 위해 李始榮, 李相龍, 金東三先生 등이 세운 新興武官學校에서 後輩를 養成하고 있다면서 그곳에 다니도록 나에게 力說하였다.

나는 이때 新興武官學校에 다닐 뜻을 굳게 세우고 故國으로 들어와서 母親(女性獨立運動家 南慈賢女史)을 모시고 妻子를 거느리고 다시 滿洲로 들어갔다. 그해가 바로 三一運動이 일어난 一九一九年이었고 마침 만세운동이 全國을 휩쓴 三月이어서 倭警의 감시를 피해 다니기란 여간 어려운 일이 아니었다.

家族과 함께 通化縣에 到着하여 善宗氏를 만났는데 新興武官學校가 柳河縣으로 移轉하였다고 傳해 주었다. 그리하여 만리거우에 있는 李相龍先生과 李原一氏를 만나러 갔다. 그때 李原一氏는 그곳에 있는 단 하나의 우리 小學校 校長이었다.

그분들의 말에 依하면, 日本 토벌대가 와서 新興武官學校를 다 태우고 人命도 四이나 射殺하였다는 것이다.

李相龍先生의 말에 呂準先生은 吉林省의 深山幽谷으로 갔다하여 우리 家族은 다시 男負女載하고 길을 떠나 北太子山→만리거우→三原甫→양지소→초양진을 거쳐 훌난청에 도착하였다. 나는 훌난청에서 李承一氏하고 獨立軍에 從事하였다. 그리고 半年만에 길림성과 봉천성의 접

경인 허시투를 거쳐 화전현에 도착하여 그곳에서 정병식 氏와 約 一年을 지냈다. 그곳에서 나는 呂準先生의 行方을 물었다.

처음에는 呂準先生의 行方을 물을 적마다 나를 아래위로 훑어보는 것이었다. 처음 보는 사람을 어떻게 믿고 그분의 행방을 말해 주겠느냐는 눈치였다. 그런 후로 며칠을 지내보고 나서야 呂準先生의 行方을 일러주었다.

松花江을 건너 액목현의 험한 산속으로 갔는데, 그곳에서 新興武官學校를 다시 차렸는지는 모르겠다고 말하더라.

몇 달 만에 액목현 삼송 삼도거우로 갔으나 역시 呂準先生의 소식은 알 수가 없었다.

나는 삼도거우에서 農土를 구하여 農事를 짓기 始作하였다.

그런데 呂準先生은 삼도거우에서 2百里 떨어진 곳인 대황지에 머물고 있음을 알게 되었다. 나는 액목현→교허가→울린툰→대황지로 올라갔다.

呂準先生은 그곳에 황학수, 이탁, 이동녕, 신숙 선생들과 함께 있었고 尹相武氏가 크게 農事를 짓고 있었다.

呂準先生과 그 밖의 先生을 비롯하여 나와 윤인보, 權

泰元, 安圭源 등이 함께 모여 議論한 끝에 尹相武氏의 땅
에 新興武官學校를 再建하기로 하였다. 그리하여 3棟의
建物을 짓고 황학수, 이탁, 양기탁, 金東三, 吳寅範 등
의 先生과 武官 學生 30餘名으로 開學하였다.

한편 나는 그곳에서 三~四個月 공부하고서 내가 農事
를 짓던 곳으로 와서 農事를 거두어 가지고 돌아갔다.

그러나 新興武官學校는 經濟的인 運營難에 빠져 小荒
地로 移轉 儉成中學校를 開校하게 되었다. 이때도 先生
들이나 學生들이 모두 農事를 지어 經費로 充當하였다.

나는 儉成中學校에서 武官學校 速成科 過程을 卒業한
뒤 正義部 檢察隊員이 되었다. 화전현에 本部를 둔 正義
部의 地方組織에 成태영이 總管이 되고 李春實이 檢察隊
員으로 勤務한 뒤의 일이었다. 내가 正義部 地方組織의
檢察隊員이 되었을 때의 總管은 金在德氏였다.

그 後 나는 蛟河街로 와서 金星客棧을 開業하였다. 金
星客棧이란 이름은 나의 姓名인 金星三에서 딴것이었으
며 金星客棧은 그 후로 獨立軍의 한 本據地가 되었다.

그 무렵 共産分子 金白首, 金鐵山, 이철 등 7名의 무리
가 儉成中學校 生徒들이 지어 놓은 農作物을 全部 착취

하여 學校가 撤廢되고 말았다. 그리고 呂準校長과 모든 先生을 숙청한다는 통첩에 校長 呂準先生은 五常縣으로 가고 李相龍先生은 小城子로 가서 피신하고 있다가 세상을 떠났다. 先生들은 제각기 到處로 흩어졌다.

그 후 正義部에서 中央議會가 열려 額穆縣 地方議員을 뽑았는데 내가 이에 被選되었다. 나는 額穆縣에서 勞動靑年討論會를 組織하여 文盲退治와 愛國思想을 고취하였으며, 靑年訓鍊所를 지어 밤낮 우리나라 靑年들에게 漢文과 中國語를 가르치고 軍事訓鍊을 시켰다.

儉成中學이 共産分子에 依하여 파괴된 뒤에는 우리 靑年들은 내가 교허가에서 經營하던 金星商店에 本據를 두고 十餘人씩 떼를 지어 集團行動을 하였다.

이 무렵 共産黨이 四~五個處에서 鐵橋를 파괴하고 放火를 일삼자 公安局이 발칵 뒤집히고 趙團長이 이끄는 陸軍兵士들이 總出動하여 男女를 不問하고 朝鮮人을 체포하였다. 이때 감옥이 不足하여 倉庫를 빌려 체포한 朝鮮人을 가두는 實情이었다.

이렇게 우리 百姓들이 男女老少 區別없이 苦痛을 받을 때, 知面德分으로 체포되지 않은 나와 김원서, 강명근이

主動이 되어 趙團長 이하 성난 中國 兵士들을 무마시켜서 우리 同胞의 무고한 被害를 막는데 온 힘을 다 기울였다.

그리하여 마구 잡아들이던 기세를 꺾고 男子들만 신중히 審査하고 있는데. 며칠 후 吉林省軍이 來到하여 朝鮮人은 一人도 용서하지 말라고 하는 게 아닌가. 따라서 우리들도 체포되어 감옥에 갇혔다. 그러나 그때 公安局長이 保證人이 되어 나를 釋放시킨 다음 通譯官으로 데리고 다녔다. 나는 그때 나의 힘을 다해 우리 無罪한 同胞를 구출하는 데 힘썼으며, 이에 힘입어 많은 사람들이 풀려났다. 이 事件으로 死刑에 處해진 共産黨이 13名, 징역에 처해진 者가 20餘名이었다.

日本軍이 滿洲를 占領한 후 吉林省 陸軍이 교허현을 쑥밭으로 만들 때 내가 經營하던 金星商店도 깨끗이 털리고 말았다. 이때 우리 온 가족이 避身하여 지내다가 歸家하였는데, 때마침 獨立運動을 돕느라 동분서주하시던 母親 南慈賢女史께서 오셔서 나에게 上海로 가는 길을 일러주시며 上海로 가라고 권하시었다. 나는 旅費를 마련하기 위해 中國입적표를 가지고 天津으로 向할 생각이었다.

母親을 무사히 보내고 며칠이 지난 뒤인 一九三三年 二

月 三日. 日本領事館 순사 5人이 와서 우리 집을 包圍하고 나를 체포하였다.

그리고 나에게 심한 刑罰을 加하면서 너의 어미 南慈賢을 찾아내라고 윽박질렀다. 순사들은 나를 영사관 시멘트 바닥에 엎어놓더니, 순사들이 들락날락할 적마다 곤장 3대씩 나를 때리게 하였다. 하루 종일 나는 시멘트 바닥에 엎드려진 채 이놈 저놈 내 옆을 지나가는 놈들한테 곤장을 맞다가 저녁 六時가 되면 감옥에 넣어지곤 하였다. 이와 같은 피눈물 나는 형벌은 十八日間이나 계속되었다. 倭警은 治罪 十八日만에 나를 석방하면서 "너의 어미는 체포되었다. 그리고 너는 退滿시키겠다."는 것이었다.

감옥에서 풀려나온 후로 나는 어느 中國人 집에 피신하고 있다가, 上海臨時政府에서 儉成學校 校長 呂準先生 앞으로 보내오는 獨立新聞을 맡아 分配하였다. 그런데 웬일로 獨立新聞은 三~四年間 오지 않다가 다시 내 앞으로 부쳐 왔는데 이것이 화근이 되어 나는 죽울 고비를 당하였었다.

그때의 경위는 대략 이러하다.

滿洲 땅이 온통 日本 天地가 된 陰三月, 獨立新聞

一百餘장이 金星商店으로 왔다. 그런데 中國人 郵便局에서 日本警察과 憲兵이 이를 調査한 일이 있다.

내가 이 新聞을 받아 우리 獨立運動 人士들에게 分配하고 난 뒤인 三月 七日 새벽이었다. 七人의 倭憲兵이 갑자기 우리 집을 包圍하더니 나를 체포하는 것이었다.

憲兵들은 나를 蛟河驛 二層 三號室에 가두고는 장작개비로 사정없이 나의 頭部를 후려갈겼다. 이처럼 무참하게 매를 맞다가 나는 저녁 九時頃에 失神하고 말았다.

모두 다 나중에 알게 된 일이지만, 내가 매에 못 이겨 失神하자 倭憲兵은 내 팔을 질질 끌어다가 待合室 밖 驛 廣場 邊의 흙구덩이에 버렸다고 한다.

이때 家族과 親知가 달려와 나를 구덩이에서 겨우 끌어내어, 개를 잡아서 개 가죽을 頭部 傷處에 붙이고 개똥물을 먹이고 하던 끝에 五~六時間 後 生脈이 나서 다시 살아나게 되었다.

나와 의형제였던 中隊長 李昌乙은 교하領事館 경찰서 전 혈소刑事에게 체포되어 新京을 거쳐 大連에서 死刑宣告를 받고 三個月 後에 旅順에서 無期懲役을 받았다.

一九三三年 母親 南慈賢女史는 하르빈에서 倭警에 체

포되시었다. 그 後 三次에 걸쳐 母親을 面會하고 나는 그
해 八月 안동현과 新義州에 가서 아무 消息없이 있었다.

그러던 中 갑자기 母親이 보고 싶어지고 궁금한 생각
이 들어 보던 일을 다 집어던지고 하르빈으로 달려갔다.
집에 당도하니 어머니는 八月 六日부터 옥중에서 斷食하
시어 "命在경각이라, 病急卽來"라는 電報가 46장이나 와
쌓여 있었다.

하르빈 감옥으로 한달음에 달려가 母親을 뵌 지 六時
間, 母親은 그 동안에 遺言을 하시었으니, "너의 원수는
네가 염려하지 말라, 하나님이 갚아 주신다. 우리 獨立은
精神이다."라고 하시면서 감옥 행장의 옷깃을 뜯으시더니
하르빈 화폐 二四八元을 끄집어내어 나에게 주시면서 "이
돈을 우리나라 獨立 祝賀金으로 바쳐라. 만일 너의 代에
서 獨立을 보지 못하면 너도 遺言하여 實行하라." 하시었
다. 그리고 이어서 "孫子를 大學공부시켜라. 親庭門戶를
이어달라."는 말씀을 끝으로 이날 正午에 殉國하시었다.

나는 나의 母親의 遺言을 다음과 같이 實行하였다.

첫째, 獨立祝賀金은 一九四六年 三月 一日, 三 · 一節
記念式 때, 滿洲화폐 二百元과 朝鮮銀行券 二百円을 遺

言說明書와 同封, 趙覺山先生의 손을 通하여 金九先生에게 드리고 모든 事由를 말씀드렸다.

둘째, 孫子(金時鍊) 大學공부 시키는 문제는, 그 當時 그곳에 大學은 없는 때였지만 우선 小學校를 마치고 간이學校를 거쳐 中國 新聞廣告에 內蒙古 扶餘縣 農業高等學校 學生 募集 내용을 보고 金時鍊이가 책보를 싸 가지고 內蒙古 扶餘縣을 찾아가서 高等學校에 入學하였다. 學生 八十名 가운데에서 五等으로 卒業한 後, 하르빈에 農科大學 設立으로 이 大學에 無難히 合格, 大學을 卒業하였다. 그리하여 現在 大韓民國 慶北 金泉農高 校長으로 在職하고 있다.

셋째, 親庭門戶를 이어 달라 하신 말씀은, 내가 南女史(母親) 묘에 碑石을 세우고 나서 우리나라로 들어와 母親의 親庭 종손 南在珏을 찾아 滿洲로 데리고 가서 父子相面시키고 공부를 시켰다. 그는 龍井師範學校를 마치고 韓國에 와서 榮州國民學校 校監을 지내고 家族이 十餘名, 大學生이 2名이나 된다.

一九四五年 八月 十五日 마침내 祖國은 解放되었다.

八月 十八日, 解放의 감격을 가슴 가득히 안은 채 나는

아들 時鍊을 찾기 위해 滿洲 액목현을 떠나 서울까지 들어왔다. 서울에서 며칠을 머물면서 아들 時鍊을 찾아 보았으나 끝내 찾지를 못하였다.

할 수 없이 나는 서울에서 車를 타고 開城까지 갔다. 開城에서 부터는 꼬박 徒步로 平壤까지 갔다. 그리고 平壤서부터 新義州까지는 半은 타고 半은 걸었다. 압록강을 건너 安東縣에서 奉天까지 걷고, 奉天에서 공줄령을 거쳐 신경까지는 고생고생하면서 러시아 軍用車를 타고 갔다.

신경에 당도하고 보니 우리 同胞 數十萬名이 구름처럼 모여 있는데, 나를 보자 "이제야 서울 소식 듣게 되었구나!"라고 환성을 올렸다. 그리하여 나는 永樂學校에서 五回나 일장 演說을 하여 故國 소식에 굶주린 우리 同胞들에게 내가 직접 보고 온 서울 소식을 傳하였다. 吉林에서도 이와 같은 演說은 계속되었다.

한창 贊託과 反託運動으로 解放 祖國이 진통을 겪고 있을 때 나는 反託 隊列의 앞장에 서서 싸우다가 다시 또 죽을 고비를 당하였다.

신탁통치를 반대하는 수많은 서울 市民이 光化門 일대에 쏟아져 나왔다. 그러나 美軍 憲兵 등의 삼엄한 경계로 누구하나 나서서 가슴속에 끓어오르는 反託의 口號를 외치는 사람이 없었다.

이윽고 나는 光化門 碑閣 돌난간 위로 올라가, 구름처럼 몰려나온 市民들을 向해, "大韓獨立萬歲! 신탁 통치 절대 반대!"라고 있는 힘을 다해 소리쳤다.

그러자 어디서 나타났는지 美軍 憲兵이 들이덤벼 나를 끌어내리고 차고 있던 棍棒으로 마구 패는 것이었다. 그리고 곧 차에 실려 當時 美軍 憲兵이 주둔하고 있던 舊總督府 청사로 가서 얼마나 맞았던지 精神을 잃고 말았다. 얼마만에 희미하게 정신이 들자 憲兵들은 나에게 바께스로 찬물을 끼얹고 있었으며 나는 차디찬 시멘트 바닥에 나뒹굴어져 있었다.

나는 다시 차에 실려 어디인가로 옮겨지더니 따뜻한 鐵板 위에 눕혀졌다. 몸이 뜨뜻하게 녹으면서 정신이 제대로 들기 시작하여 마침내 다시 살아났다.

나중에 그곳에서 나올때에야 지금의 朝鮮호텔이었다는 것을 알았다. 그리고 나는 다시 기억이 나지 않는다. 의식을 잃은 것이다.

나에게 다시 의식이 회복되었을 때는 서울역 앞의 세브

란스病院 침대 위에서였다. 이야기인 즉 朝鮮호텔에서 나
와 세브란스病院의 텅 비어 있고 썰렁한 守衛室에 내버
려진 채 처박혀 있는 것을 지나가는 行人이 發見, 病院에
入院시켰다는 것이다. 나는 정확히 記憶나지 않으나 대체
로 十七~十八日 세브란스病院에서 다시 살아나 退院하
였다.

一九四七年, 黃學秀先生의 인도로 나는 陸軍士官學校
八期 特期로 入校, 즐겁게 卒業하고 國軍 八師團 十0聯
隊에서 보람찬 祖國의 軍人으로 자랑스럽게 勤務하였다.

그때 八師團 地域 內에 護國軍 고문관으로 勤務할 때
의 일이다.

三陟 시멘트 會社에서 지은 호화롭기 이를 데 없는 건
물이 一棟 있었는데, 그때 말로는 日本 天皇이 와서 며칠
묵고 간 집이라도 하였지만 天皇은 아닌 것 같고 상당한
日本 高官이 묵었던 집인 듯싶다.

이렇게 한 번밖에 使用된 일이 없이 이 호화 건물은 자
물쇠가 굳게 잠겨진 채로 비어 있었다. 감히 근처에서 얼
씬거리지도 못할 만큼 멀리서만 바라보는 집이었다.

그런데 내가 이 집의 큰 자물쇠를 뜯고 들어가서 六個

月을 지내게 되었다. 內部도 오늘날의 最高級 호화 住宅을 방불케 잘 되어 있어서, 그곳에서 근무하는 六個月間을 八字에 없는 호화 生活을 하였다.

그때 나는 그곳 住民으로부터 그대로 기름에 싸여 있는 五連發의 日本製 銃을 선사받았는데 그곳을 떠날 때 護國軍에게 주면서 鄕土防衛에 만전을 기하라고 격려하였다.

나는 그 後 六·二五動亂으로 浦項전투를 치르고 無事히 서울을 탈환, 北進에 北進을 거듭하였다. 그리하여 압록강 물을 누가 뜨느냐 하고 士氣 충천해 北進을 계속하다가 때 아닌 中共軍의 不法 介入으로 그만 포로가 되고 말았다.

四十七日間 소금, 간장, 된장 등 염분을 먹이지 않는 형벌을 받기도 하고, 손을 한번 대지 않고도 하루에 五十餘名씩 죽이는 형벌을 받기도 하고, 六十時間이나 잠을 재우지 않는 형벌을 받기도 하였다.

포로 交換 時에 돌아와서 高齡者 除隊하여 軍服을 벗었다.

나의 지난날을 以上의 몇 가지 記述로 회고하였다. 생

각하면 抗日투쟁의 一念으로 滿洲땅을 本據로 싸우던 일
이나, 六·二五事變때 國軍의 一員으로 싸우다가 살아남은
일이나 모두 생각하면 할수록 기적 같기만 하다.

美 一軍團에서 근무한 일이 있는데, 나는 그때 食事때
마다 먹게 되는 고깃덩이가 잘 넘어가지 않았다. 사람이
죽지 않고 살면 이렇게 고기만 먹고 살 때도 있구나 하는
생각 때문에 목이 한없이 메었던 것이다. 中共軍에게 포
로가 되어 몇 해 동안 겪은 最惡의 苦生, 끼마다 낱알을
세어 한 줌도 못되게 주던 것을 받아먹던 그 쓰라린 기억,
그러나 나는 내 生涯를 부끄럽지 않게 살아온 것을 자부
하고 있다.

그것은 오직 나의 生親과 慈親께서 몸소 보여 주시고
심어 주신 愛國愛族 精神의 본받음 그대로이고, 이제 祖
國의 따뜻한 품 안에서 이렇게 餘生을 보내고 있음을 더
없는 幸福으로 생각하고 있다.

찾아보기

185